乡村振兴背景下县域普通高中办学理念研究

宋雪敏 著

中国国际广播出版社

图书在版编目（CIP）数据

乡村振兴背景下县域普通高中办学理念研究 / 宋雪敏著. -- 北京：中国国际广播出版社, 2024.3

ISBN 978-7-5078-5494-7

Ⅰ.①乡… Ⅱ.①宋… Ⅲ.①高中—办学经验—研究—中国 Ⅳ.①G637

中国国家版本馆CIP数据核字（2023）第246954号

乡村振兴背景下县域普通高中办学理念研究

著　　者	宋雪敏
责任编辑	张娟平
校　　对	张　娜
封面设计	万典文化

出版发行	中国国际广播出版社有限公司
电　　话	010-86093580　010-86093583
地　　址	北京市丰台区榴乡路88号石榴中心2号楼1701
邮　　编	100079
印　　刷	天津市新科印刷有限公司

开　　本	787毫米×1092毫米　1/16
字　　数	220千字
印　　张	11.5
版　　次	2024年3月第1版
印　　次	2024年3月第1次印刷
定　　价	68.00元

（版权所有　翻印必究）

PREFACE 前言

2020年，中国脱贫攻坚取得全面胜利。2021年国家一号文件提出，要全面推进乡村振兴。乡村振兴离不开县的振兴，县的振兴也离不开县里高中的振兴。农村以上最直接的行政单位是县级，因此作为乡村振兴的主战场，中央和地方政府出台了许多相关政策来改善县域经济。县域经济高质量发展需要人才培养，人才培养需要加强县域高中建设。从县高中毕业并考上大学的学生在选择工作时可以很容易地选择回到家乡工作。普通高中教育是在九年义务教育基础上进一步提高国民素质、面向大众的基础教育，承担着为学生接受更高层次教育和走向社会奠定基础的双重任务，对学生的终身发展有着至关重要的作用。普通高中教育既带动着基础教育质量的提升，又关系到高等教育发展进而影响创新人才的培养，向上影响到整个高等教育，向下影响到整个基础教育，横向决定着教育结构和教育分流。因此，普通高中作为高中阶段教育的直接承担者，是整个国民教育体系健康运转的"枢纽"，在整个教育体系中处于承上启下的重要地位。2021年我国教育部等九部门印发了文件"十四五"县域高中提升计划，以此来加强县域高中的建设。县域高中的加强，必须加强教育质量，好的教育质量是县域高中的核心，只有好的教育质量才能培养出更多的人才。

由于作者水平有限，加之时间仓促，书中难免有不足和遗漏，我们对读者给予的宝贵意见，表示诚挚的感谢。

编 者

CONTENTS 目 录

第一章 概述 ··· 1
- 第一节 乡村振兴战略提出的背景 ·· 1
- 第二节 乡村振兴的意义 ·· 5
- 第三节 乡村振兴的思路 ·· 10
- 第四节 乡村振兴的要求 ·· 17
- 第五节 县域高中教育质量的相关概念 ···································· 28
- 第六节 县域普通高中发展的现实困境、挑战 ·························· 29

第二章 普通高中教育办学模式改革趋势 ····································· 33
- 第一节 国外普通高中教育发展趋势 ······································· 33
- 第二节 国外高中办学模式改革发展趋势 ································ 38
- 第三节 我国普通高中办学模式改革的背景 ····························· 40
- 第四节 普通高中办学模式改革的意义 ···································· 42

第三章 乡村振兴背景下县域普通高中建构新的课程框架 ·············· 45
- 第一节 课程框架的重构 ·· 45
- 第二节 乡村志愿者课程群 ··· 50
- 第三节 新劳动实践课程群 ··· 53
- 第四节 课程实施途径 ··· 57

第四章 乡村振兴背景下县域普通高中创新学生实践平台 ·············· 70
- 第一节 学生实践平台创新 ··· 70

第二节　乡村服务站 ··· 74
　　第三节　劳动实践园 ··· 81
　　第四节　家校协同场 ··· 90
　　第五节　校史教育馆 ·· 104

第五章　乡村振兴背景下县域普通高中优化师资 ··················· 111
　　第一节　转变教师育人理念 ·· 111
　　第二节　开拓导师组合新思路 ······································ 117

第六章　乡村振兴背景下县域普通高中德育新模式 ················· 124
　　第一节　"综合导师制"——为学生成长、成才引路 ············ 124
　　第二节　"综合导师制"——导师的角色定位和素质要求 ······· 128
　　第三节　了解和研究学生是做好"综合导师制"工作的前提 ···· 133
　　第四节　"综合导师制"中的师生垂直对话交流 ················· 135
　　第五节　"综合导师制"下导师队伍建设的思考 ·················· 139

第七章　多方融合的德育内化模式 ···································· 144
　　第一节　内化的基石："三全""三结合"的心理健康教育 ······ 144
　　第二节　内化方式探索之一：回归生活、审美德育 ············· 152
　　第三节　内化方式探索之二：家校互补，融汇沟通 ············· 161

参考文献 ·· 172

第一章 概述

第一节 乡村振兴战略提出的背景

农业农村农民问题是牵一发而动全身的关键问题，它关乎着国家的繁荣与社会的和谐。农业是国家的经济支柱，农村是社会的缩影，农民则是国家发展的中坚力量。因此，没有农业农村的现代化，国家的现代化就无从谈起。只有通过不断的改革和创新，让农业更强、农村更美、农民更富，才能真正实现国家的现代化，让中华民族伟大复兴的梦想照进现实。

从1978年开始，2018年标志着农村改革四十年的重要历程。正如"改革是一场深刻的革命"所言，其根本目的在于进一步释放社会生产力并激发社会创造力。作为农业社会的经济主体，农民以及集体经济组织构成了农村最基本经济组织。为了解放和发展农村生产力，激发经济和社会活力，我们首先需要破除束缚农民及集体经济组织的制度性障碍，从而解放农民以及农村集体经济组织。

从农村改革四十年的历程来看，诸如家庭联产承包、村民自治、发展乡镇企业、鼓励农民进城、农村税费改革、社会主义新农村建设以及当前的乡村振兴战略等重大变革，无一不是为了消除障碍，解放农民，同时推动农村集体经济组织的解放。这些变革释放了农民个体和农村集体经济组织的活力，推动了农村乃至整个国家经济社会和政治的发展。

在我国农村改革进程中，家庭联产承包责任制改革成为一个重要的起点，这一改革发生在20世纪70年代末至80年代初。在此之前，我国农村实行人民公社体制，具备计划经济、"以粮为纲"、"一大二公"、"政经合一"、"三级所有、队为基础"、统一核算、集中经营以及城乡分离等特点。这种体制使得农民与农村集体在农业和土地上被束缚，财产权不明晰且不稳定，自主经营权受到限制。集体劳动力、财物、产品可能被"一平二调"我国农村在20世纪70年代末80年代初，实行了家庭联产承包责任制改革，这是我国农村改革的起点。在此之前，农村实行的人民公社体制，包括计划经济、以粮为纲、一大二公、政经合一、三级所有、统一核算、集中经营等特征，使得农民和农村集体被束缚在土地上，缺乏明晰且稳定的财产权，经营自主权也丧失殆尽。集体劳力、财物、产品可能被无偿调配，加上政治上的"左"倾错误、经营上的瞎指挥、分配上的平均主义，这些严重制约了农民的生产积极性，阻碍了农村集体经济的发展。在那种情况下，从1958年到1978年这二十年间，国家的经济和人民的生活发展缓慢，大多数农民生活极度贫困。因此，家庭联产承包责任制改革的重要性不言而喻，它掀起了农村改革的大潮。现在，让我们一起期待着我国农村的未来发展吧。

中国共产党第十一届中央委员会第三次全体会议通过《中共中央关于加快农业发展若干问题的决定（草案）》，强调务必调动我国数亿农民社会主义积极性，在物质利益和民主权利方面予以充分关心和保障。在此基础上，提出加速农业发展的二十五项政策措施，以引导农村改革进程。1983年的以下是根据您的要求以严肃庄重语气改写的文字：党的十一届三中全会通过了《中共中央关于加快农业发展若干问题的决定（草案）》，明确了中国农村改革的方向和路径。从必须首先调动几亿农民的社会主义积极性，在经济上充分关心他们的物质利益，在政治上切实保障他们的民主权利这个指导思想出发，提出了加快农业发展的二十五条政策措施，为中国农村改革吹响了号角。1983年的中央一号文件指出，联产承包制是党的领导下我国农民的伟大创造，是马克思主义农业合作化理论在我国实践中的新发展。农民家庭成为相对独立的经营主体，不必再实行集体统一核算和统一分配。这为撤销人民公社体制创造了条件，也为普遍实行以家庭承包经营为基础、统分结合的双层经营体制奠定了基础。此后，随着农村分工分业的发展，务工、经商、办服务业的农民自理口粮到集镇落户，这是必然的历史性进步。党的政策一直关注着几亿农民的问题，逐步得到解决。不改变"八亿农民搞饭吃"的局面，农民富裕不起来，国家富强不起来，四个现代化也就无从实现。可见，党中央一直将深化和拓展农村改革，定位在实现农民富裕、国家富强和四个现代化这样一个关系党和国家前途、命运的宏伟目标上。然而，随着时间的推移，家庭联产承包责任制已难以适应时代进步的要求。尤其是改革开放之后，农村生产力得到空前解放，农村各项事业都获得了飞速发展，社会主义新农村建设应运而生。因此，我们需要进一步深化改革，探索新的发展模式，以适应时代的要求，推动农村的持续发展。

自十六大以来，党中央多次强调，解决"三农"问题是党的工作的重中之重。中央坚决贯彻"多予、少取、放活"的方针，实施工业反哺农业、城市支持农村的战略。在巩固和完善农村基本经营制度的基础上，明确提出统筹城乡经济社会发展，实施城乡一体化战略，建设社会主义新农村。2003年，中国的粮食产量（供给8600亿斤，需求9500亿斤至1万亿斤）和播种面积降至14年来的最低水平，粮食安全问题和"三农"问题引起了前所未有的关注。2005年10月，中共十六届五中全会通过的《"十一五"规划纲要建议》提出，要按照"生产发展、生活宽裕、乡风文明、村容整洁、管理民主"的要求，扎实推进社会主义新农村建设，从而开启了以工补农、以城带乡的新篇章。建设社会主义新农村，是贯彻落实科学发展观的重要举措，确保占人口大多数的农民参与发展进程、共享发展成果；妥善处理工农城乡关系，将农村发展纳入整个现代化进程，使社会主义新农村建设与工业化、城镇化同步推进；加快农村经济发展，增加农民收入，使亿万农民的潜在购买意愿转化为巨大的现实消费需求，拉动整个经济的持续增长。然而，劳动力短缺、重工轻农、观念落后等问题促使新的农村改革应运而生。

在2008年，正值我国农村改革三十周年之际，党的十七届三中全会审议通过了《关于推进农村改革发展若干重大问题的决定》。该决定强调，农村改革发展的伟大实践，极大地激发了亿万农民的积极性，极大地解放和发展了农村社会生产力，并极大地改善了广大农民的物质文化生活。更为深远的是，农村改革发展的实践为建立和完善我国社会主义初级阶段基本经济制度和社会主义市场经济体制进行了创新性的探索，为实现人民生活从温饱不足到总体小康的历史性跨越、推进社会主义现代化做出了重大贡献，为社会大局的稳定奠定了坚实基础，并为成功开辟中国特色社会主义道路、形成中国特色社会主义理论体系积累了宝贵的经验。

在2010年10月召开的党的十七届五中全会上，我们党确立了"十二五"时期我国经济社会发展的指导思想、总体思路、目标任务和重大举措，明确提出了在工业化、城镇化深入发展中同步推进农业现代化的重大任务。这一重大任务，是我们党在"重中之重"、统筹城乡发展、工业反哺农业、城市支持农村、多予少取放活等关于"三农"工作的重大战略思想之后，做出的又一重大理论创新，对于指导和推进农业和农村经济的科学发展具有重大意义。

自党的十八大以来，我国农业农村发展取得了历史性成就。农民的生产生活发生了显著变化，农村成为了更加美丽宜居的生产生活新空间。在以习近平同志为核心的党中央坚强领导下，我们始终坚持把解决好"三农"问题作为全党工作的重中之重，切实把农业农村优先发展落到实处。我们坚持立足国内保证自给的方针，牢牢把握国家粮食安全主动权。在深化农村改革的过程中，我们激发了农村发展新活力，并不断推进农业供给侧结构性改革，提高农业供给质量。我们始终以绿色生态为导向，推动农业农村可持续发展。在保障和改善民生的发展过程中，广大农民有了更多获得感。在美丽乡村建设过程中，我们积极推进生态宜居的美丽乡村建设，为农村发展提供了坚强政治保障。这些年来，我们的努力让农业农村发展取得了显著成效，但我们也清醒地认识到，农业农村工作仍然面临着诸多挑战和困难。我们将继续坚定信心，保持定力，不断推进农业农村现代化，为全面建设社会主义现代化国家作出新的更大贡献。

粮食生产能力跨上新台阶，农业供给侧结构性改革迈出新步伐，农业综合生产能力明显增强，农民收入持续增长，农村民生全面改善，脱贫攻坚战取得决定性进展，农村生态文明建设显著加强，农民获得感显著提升，农村社会稳定和谐。农业农村发展取得的重大成就和"三农"工作积累的丰富经验，为实施乡村振兴战略奠定了良好基础。

同时，我们必须认识到，我国农业农村发展仍面临着一些挑战。一方面，农产品供过于求的情况与供给不足的现象并存，农村产业间的融合发展程度尚浅，农业供给的质量和效益亟待提高。另一方面，农民在适应生产力和市场竞争的能力上存在不足，农村地区的人才资源较为匮乏。再有，农村地区的基础设施建设仍然滞后，环境和生态问题较为突出，乡村整体发展水平仍有待提升。另外，农村民生领域存在不少欠账，城乡之间基本公共服务的差距以及收入水平的差距仍然较大，脱贫攻坚的任务依然艰巨。此外，国家的支农体系相对薄弱，农村金融改革任务繁重，城乡之间要素的合理流动机制仍有待健全。最后，农村基层工作中存在一些薄弱环节，乡村治理体系和治理能力有待强化。

习近平总书记在党的十九大报告中指出，"农业农村农民问题是关系国计民生的根本性问题，必须始终把解决好'三农'问题作为全党工作的重中之重。要坚持农业农村优先发展，按照产业兴旺、生态宜居、乡风文明、治理有效、生活富裕的总要求，建立健全城乡融合发展体制机制和政策体系，加快推进农业农村现代化。"实施乡村振兴战略，是以习近平同志为核心的党中央深刻把握我国现实国情农情，深刻认识我国城乡关系变化特征和现代化建设规律的基础上，着眼于党和国家事业全局，着眼于实现"两个一百年"的伟大目标和补齐农业农村短板的问题导向，对"三农"工作做出的重大战略部署、提出的新的目标要求，必将在我国农业农村发展乃至现代化进程中写下划时代的一笔。

第二节 乡村振兴的意义

乡村不仅是自然和社会经济特征的综合体，也具有多重功能，包括生产、生活、生态和文化等，乡村和城镇相互影响、共生共存，共同构成了人类活动的重要空间。乡村的发展和国家的繁荣息息相关，而乡村的衰落则会对国家产生不良影响。在我国，由于不平衡不充分的发展，人们的美好生活需求和乡村现状之间的矛盾最为显著。当前，我国仍处于并将长期处于社会主义初级阶段，而乡村发展很大程度上体现了这个阶段的表现。全面建成小康社会和全面建成社会主义现代化强国的最困难和最繁重的任务在农村。乡村也是我国最广泛、最深厚的基础，同时也蕴藏着最大的潜力和后劲。

一、乡村振兴是实现中华民族伟大复兴的历史使命

我国拥有五千多年的悠久历史，乡村作为中华民族传统文明的发源地，始终在经济社会发展中扮演着重要的角色。乡村的繁荣是盛世历史的重要标志，而回归乡村置业也被视为事业成功的象征。作为农业大国，我国的农业、农村和农民始终是国家安定和改革发展的基石和依靠。在新民主主义革命时期，我们依靠农民的支持和参与取得了胜利；在建设独立完整的工业体系过程中，我们依靠农业的积累实现了目标；在开启改革开放之路时，我们依靠农村改革的率先推进实现了突破。当前，我国已经进入中国特色社会主义发展新时代，然而农业仍然是国民经济的基础支柱，农民仍然是全社会的基础阶层，农村仍然是全面建成小康社会的重中之重，也是发展过程中的难点和关键。面对"三农"问题，我们必须继续解决好这个根本性问题，这关系到中国特色社会主义发展全局的大局稳定和可持续发展。因此，我们必须保持对"三农"问题的关注和投入，以实现全面建设社会主义现代化国家的目标。

中华人民共和国成立以来，无论是改革开放前还是改革开放后的较长时期里，经济社会发展的重心都集中在城市和工业领域，而乡村和农业为此做出了巨大的贡献和牺牲。随着工业化的迅速发展和城市化的深入推进，我国的城乡出现了分化，乡村发展也呈现出分化的现象。目前，最突出的不平衡体现在城乡之间的发展差距和农村内部的发展差异上，而最显著的不充分则表现在"三农"领域的不足，包括农业现代化的不足、社会主义新农村建设的不足，以及农民群体在教育、科技、文化、卫生健康

等方面发展和分享现代社会成果的不足等。党的历史使命决定我们必须解决好乡村振兴这一重要问题，为亿万农民谋求幸福。我们要牢记亿万农民为革命、建设和改革所做出的巨大贡献，让他们能够充分享受到发展成果，从而充分调动他们的积极性、主动性和创造性。同时，从全球范围来看，在现代化进程中，乡村必然要经历痛苦的蜕变和重生阶段，我们需要为解决全球乡村问题贡献中国的智慧和方案。迄今为止，尚无任何一个发展中的大国能够完全解决农业、农村和农民现代化的问题。因此，我们致力于成功实施乡村振兴事业，这本身就是对全球发展的重要贡献。

不可否认，当前我国乡村仍面临凋敝和衰落的现实情况。因此，重申乡村振兴旨在激发乡村发展活力，增强乡村吸引力，构建新时代乡村可持续发展的机制。乡村振兴的理念强调坚持农业农村优先发展，这是对乡村地位和作用的充分肯定，也是用历史的眼光来看待乡村的地位和作用。乡村振兴的实施是实现中华民族伟大复兴中国梦的历史使命。

二、乡村振兴是建设社会主义现代化国家的必然要求

在我国的国情背景下，即便城镇化进程达到成熟阶段，农村人口仍将保持在4亿左右。农业强不强、农村美不美、农民富不富，决定着全面小康社会的成色和社会主义现代化的质量。我国的现代化，不仅包括工业和城市的现代化，也包括农业农村的现代化。没有农业农村的现代化，国家现代化就不完整、不全面、不牢固。

当前，与发达国家相比，我国发展的最大短板仍是乡村。我们走的现代化道路是绝对不可以丢掉农业现代化的。即使将来我国城镇化达到70%

以上，还有四五亿人在农村。农村绝不可能成为荒芜的农村，留守的农村，记忆中的故园。根据木桶原理，现代化的整个水平是由"短板"决定的。农业现代化发展状况已成为"四化"同步的短板。因此，现代化的核心问题是克服二元结构，包括城乡二元结构和工农业二元结构，使农业和农村进入一元化发展。要实现"四化"同步发展必须要坚持农业农村优先发展，补上农业农村现代化这块短板。我国农业现代化进程迅速，然而乡村地区的发展相对滞后。特别是工业化、城镇化和农民市民化进程中，乡村地区与城市相比，存在基础设施供给不足、环境恶化、增收缓慢以及生活条件落后等问题。同时，随着城市和经济的增长，农民逐渐迁入社区，但城市的相关服务并未完全覆盖，导致乡村发展失去了原有的乡土气息和文化。

实施农业农村现代化战略是破解"三农"难题的关键举措，涉及到乡村在经济、

政治、文化、社会及生态文明等多个层面的全面提升。近年来，随着我国经济实力和综合国力的显著增强，已经具备全面推进农业农村现代化的坚实基础。因此，我们需要充分调动全社会各方资源，加大对"三农"问题的支持力度，争取早日形成"三农"发展的全新局面。

三、乡村振兴是新时期乡村发展的关键举措

在进入新世纪以来，我国不断加强了对"三农"问题的政策支持力度。从2004年开始，连续14年的中央一号文件都是关于"三农"问题的。党的十七大和十八大也分别提出了城乡统筹和城乡一体化的发展思路，这些重要发展动能有力地推动了乡村发展和农民增收。然而，这些政策的主要着重点是强调城市对乡村的反哺和工业对农业的支持，而乡村和农业仍处于被动地位。

相比之下，十九大提出的乡村振兴战略将乡村发展提升至与城市平等的地位，更为全面地发掘乡村的产业、生态、文化等资源优势，并更加重视激发其内在的积极性、主动性和创造性，从而构建持久且可持续的发展动能机制。该战略的实施有望极大地促进乡村经济的繁荣，提升农民的生活质量，最终实现城乡共同繁荣的美好愿景。

（一）乡村振兴加快推动了农业产业化转型升级

按照种、养、加、销、游深度融合的理念，依托龙头企业将产业链、价值链与现代产业发展理念、组织方式引入农业，推进农业全产业链发展，打造了一批区域、行业、企业大品牌。

鼓励龙头企业与高校院所开展协同创新，着力打造粮油、畜牧、水产、果蔬、茶产业、中药材等农业产业化主导产业，做强农业产业化主导产业。

抓住资本运作、科技创新、集聚发展等关键因素，引导企业提升发展水平和竞争能力，培育壮大龙头企业。突出现代农业产业园一二三产业深度融合、农户带动、技术集成等功能作用，打造高起点、高标准的现代农业发展先行区，发挥产业园引领作用。

（二）乡村振兴倾力打造了新产业新业态新模式

以奖代补、先建后补、财政贴息等方式，支持乡村休闲旅游重点村改善道路、宽带、停车场、厕所、垃圾污水处理设施等条件，扶持建设一批休闲农业聚集村、历史文化名村（镇）、传统村落和森林景区，发挥产业园引领作用。

推进大数据、云计算、物联网、移动互联网等信息技术在农业生产加工流通领域的广泛应用。加强从村到乡镇的物流体系建设，完善农业电商供应链，积极发展电子商务。

扩大农业生产全程社会化服务创新试点和政府购买农业公益性服务机制创新试点范围，积极发展农业社会化服务。

打造田园综合体。推进以乡村田园景观与农事活动为基础的农村生产生活生态"三生统筹"、一二三产业"三产融合"、农业文化旅游"三位一体"的田园综合体。

（三）乡村振兴补齐了农业农村发展短板

通过河流治理、湖泊防洪综合治理、重点区域排涝能力建设和小型病险水库除险加固，实施农村饮水安全巩固提升工程和新一轮农村电网改造升级工程，推进"四好农村路"建设，深入推进农村厕所、垃圾、污水专项整治"三大革命"等，补齐农业基础设施建设短板。通过科技下乡、技术下乡等手段，培训现代新型职业农民，健全现代农业科技创新推广体系，推进农业高新技术产业示范区建设，增强农业科技创新与推广能力，提升农业现代化水平。通过提高乡镇卫生院医疗服务能力，全面改善义务教育薄弱学校基本办学条件，全面实施城乡居民大病保险制度，全面落实统一的城乡居民基本养老保险政策，切实提高农村公共服务水平。实施贫困村"一村一品"产业推进行动，激发贫困群众发展生产、摆脱贫困的内生动力。

（四）乡村振兴不断深化农村改革

1. 深化土地制度改革

探索""三权"分置"多种实现形式。探索多方式盘活农民闲置宅基地和闲置农房。

2. 扎实推进农村集体产权制度改革

全面开展农村集体资产清产核资，保障农民集体资产权利。维护进城落户农民土地承包权、宅基地使用权和集体收益分配权。

3. 扎实开展"三变"改革

鼓励各地建立"三变"改革项目引导基金，探索"资源变资产、资金变股金、农民变股东"实现路径。

4. 着力破解要素制约

支持开展融资风险补偿、互助合作基金、劝耕贷、经营权抵押担保贷款等农村金融试点。开展适度规模经营农户大灾保险试点。切实解决新型农业经营主体农业设施用地问题。鼓励支持农民工、大学生等返乡下乡创业就业。

乡村振兴逐步确立了新时期乡村发展新动能，这是发展思路的根本性转变，确立了全新的城乡关系，乡村要从过去的被动接收反哺，到今后的主动作为、实现振兴，进而实现城乡融合发展。

四、乡村振兴是新时期农业农村现代化的有效途径

乡村振兴战略的总目标旨在推进农业农村现代化，其总方针为坚持农业农村优先发展，总要求包括产业兴旺、生态宜居、乡风文明、治理有效、生活富裕。为实现农业农村现代化，我们要推动农业农村发展，同时提升生态、乡风、治理等方面。农业现代化和农村现代化相辅相成，应进行一体设计、一并推进，并在资金投入、要素配置、公共服务、干部配备等方面实施有力举措。为适应市场需求变化，我们要加快优化升级农业农村经济，促进产业融合。同时，需加强农村精神文明建设，推进农村生态文明建设、建设农村美丽家园，弘扬社会主义核心价值观、保护和传承农村优秀传统文化、加强农村公共文化建设、提高乡村社会文明程度，推进乡村治理能力和水平现代化，使得农村充满活力、和谐有序。最终目标是让农业成为有奔头的产业，农民成为有吸引力的职业，农村成为安居乐业的家园。

从历史的角度来看，我国城乡发展不平衡不协调的问题依然突出。尽管近年来农业农村发展取得了长足进步，农民的生产生活条件得到了持续改善，但我们必须认识到，"三农"问题已成为我国经济社会发展不平衡和不充分的重要表现，也是新时代中国特色社会主义主要矛盾的重要方面。在推进现代化强国建设的进程中，乡村振兴战略是在新的起点上总结过去，谋划未来，深入推进城乡发展一体化，提出乡村发展的新要求和新蓝图。实施乡村振兴战略，加快推进农业农村现代化，不仅要推进乡村经济政治社会文化生态"五位一体"全面发展，更要使我国经济社会发展的更加协调和平衡，能够更好地弥补乡村在全面建设社会主义现代化强国进程中的短板。从理论角度看，习近平总书记早在2013年的中央农村工作会议上就提出："中国要强，农业必须强；中国要美，农村必须美；中国要富，农民必须富。"这一论断为我们实施乡村振兴战略提供了重要的理论指导。而为了深化改革开放，实施市场经济体制，系统解决市场失灵问题，推进乡村振兴也是我们必须肩负的历史使命。习近平总书记在吉林调研时指出："任何时候都不能忽视农业、不能忘记农民、不能淡漠农村。"在安徽

凤阳县小岗村召开的农村改革座谈会上，他又强调了"深化农村改革、加快农村发展、维护农村和谐稳定"的重要性。他提出的"尊重自然、顺应自然、天人合一"的理念，为我们在城镇化进程中推进乡村振兴提供了重要的实践指导。从实践角度看，乡村振兴战略是呼应老百姓的新期待，以人民为中心，致力于农业产业的发展、农村的保护与建设、农民的发展与进步。我们要通过推动农业全面升级、农村全面进步、农民全面发展，提高人的社会流动性，实现人民对美好生活的向往。只有这样，我们才能让每个人都能在他们所生活的社会主义国家大家庭里，享有尊严地生活，实现农业的全面升级、农村的繁荣发展、农民的富裕繁荣。

乡村振兴牢牢把握住了农业农村现代化这个总目标，抓好实施乡村振兴战略的政策着力点，贯彻落实产业兴旺、生态宜居、乡风文明、治理有效、生活富裕的总要求，建立健全城乡融合发展体制机制和政策体系，把农业农村优先发展真正落到实处，不断推进农业农村现代化，全面加快农业农村现代化发展脚步，增加农民经济收入，提升农村经济发展水平，大幅度缩小城乡差距，使农业农村发展起来，推进社会整体协调发展。

第三节 乡村振兴的思路

2018年是农村改革40周年，也是党的十九大提出实施乡村振兴战略的开局之年，强调要把农业农村摆在更加重要的位置，展现了党对当前我国"三农"地位与形势的重大判断，确立了破除城乡二元结构、建立新型工农城乡关系的新思路，并提出了破解农业现代化瓶颈制约因素的新路径。新时代的中国必须继续深化农村改革，扎实推进乡村振兴，奋力谱写"三农"发展新篇章。

在未来的很长一段时间内，乡村振兴将作为引导"三农"工作的基本方针，同时成为深化"三农"工作的关键手段。这充分证明了"三农"问题作为党的工作重中之重的地位仍然没有改变。在当今的时代背景下，我们应深入贯彻党的十九大及中央农村工作会议的精神，坚持高质量发展的方针不动摇，加快农村和农业从量变到质变的跨越式发展。为实现这一目标，我们应该重点考虑以下五个方面，以把握住实施乡村振兴的基本思路。

一、以产业振兴为支撑，加快形成乡村现代产业发展新格局

（一）着力提升产业质量

深入推进农业供给侧改革，旨在推动农业从过去单纯追求产量增长转向提高农产品质量和效益的新方向。为此，我们积极支持先进技术和机械设备在农村地区的推广应用，从而有效提升农业供给质量。通过有针对性的分区域调整产业结构，我们将全面推进产业转型升级，大力倡导绿色农业、循环农业、生态农业等可持续发展模式。发挥特色和主导产业的辐射作用，推动农业发展质量效益的全面提升。在农业发展过程中，我们积极培育花卉果蔬、水产养殖等具有地方特色的产业，逐步发展出一批优质高效、附加值高的主导产业。这些优势产业将带动周边产业的加速发展，促进初始产品向高附加值产品的延伸，从而实现农业产业的全面提升。

（二）稳步扩大产业规模

以适度规模经营为驱动，引领产业振兴，是实现农业现代化的有效途径。通过创新多种形式的适度规模经营，弥补产业缺陷，强化农民合作社的连接作用，鼓励家庭农场组建合作社，将小农户与现代农业发展紧密结合起来。同时，有针对性地培养一批具备核心竞争力的龙头企业，使之成为产业振兴的重要支撑。提高农业科技的创新和运用，打造一批品牌价值高、市场优势突出的产业化龙头企业，形成一批具有辐射效应强、覆盖面广的现代农业示范园区、返乡创业基地以及融合循环农业、创意农业、农事体验等多功能为一体的田园综合体。

（三）不断优化产业模式

对于这种模式的探索与完善，有效地改变了农民"单打独斗"的局面。通过构建紧密的利益联结机制，引领广大农民加入到合作社，实现"抱团"致富。这种模式鼓励农民将土地作为股份投入合作社，让土地获得股份收益，同时农民也可获得工资收入，从而实现农民多元化的收入。合作社集中提供技术指导、耕作管理以及包装营销，从而形成了产业化、规模化的种养效应。这种模式不仅能有效解决原料供应、销售渠道等一系列问题，还能增强农民抵御市场风险的能力，实现农民可持续的致富增收。在此基础上，进一步拓展"支部+合作社+基地+农户"、"合作社+种植大户+集体+农

户"等多种发展模式，整合各方资源优势，实现经济效益和社会效益的双赢。这种创新型的农业发展模式将为我国新农村建设和乡村振兴注入新的活力和动力。

（四）加速促进产业融合

全面推进乡村产业振兴，需将促进一二三产业融合发展视为核心手段。应以打造一二三产融合发展体系为鹄的，突破"乡村产业即农业"的传统观念，努力发展壮大第一产业、提升第二产业、激活第三产业，使农业由平面扩张向立体拓展，构建资源集约利用、功能复合叠加的现代农业产业体系。在努力实现农业产业链的纵向延伸方面，需推动种养业融合发展。具体来说，以种植业供给养殖业饲料，养殖业回馈种植业肥料，从而达成种养业的有机结合及循环发展，进而提升农业生产效率和可持续发展能力。同时，促进产业链向绿色休闲、农活体验、文化体育、健康养生、电子商务等方向横向拓展。以农业加工业和休闲旅游为产业融合的重点领域，采取"三二一"倒逼模式，在加强第三产业发展的基础上，推动深度加工农业产业的发展。以此为手段，提高农产品附加值，为农业农村经济发展增添新动能。最终，通过一二三产融合发展，实现资源高效利用、功能复合叠加的现代农业产业体系，为乡村振兴注入强劲动力，完成乡村产业振兴的目标

（五）合力推进产业扶持

乡村产业振兴所需应对的"地""钱""人"等挑战，仍需以政府为核心，联合企业及社会各界共同参与扶持。持续深化农村土地制度改革，改进农村用地政策，激活农村集体经营性建设用地，探究并建立农业农村发展用地保障机制，落实农村土地集体乡村产业振兴面临"地"、"钱"、"人"等问题，因此，政府应发挥主导作用，引领企业和社会各方参与，给予全方位扶持。农村土地制度改革应进一步深化，农村用地政策应进一步完善，农村集体经营性建设用地应得到合理开发与盘活。同时，需探索建立农业农村发展用地保障机制，落实"三权分置"办法。此外，财政扶持力度应进一步加大。在此背景下，公共财政预算应向农业和农村倾斜，构建财政、银行、保险、担保"四位一体"的支农政策体系，优化支农资金预算制度，以加快形成多元投入格局。这不仅是我们的责任，更是推动乡村产业振兴、实现全面小康社会的必然要求。

二、以人才振兴为保证，构建新型职业农民为主的支撑体系

（一）培养现代农业经营管理人才

我国发展现代农业的突出矛盾，是小生产与大市场的矛盾。小生产是我国国情所决定的，大市场是"人民日益增长的美好生活需要"所决定的。为了解决小生产与大市场的矛盾，就需要进行各种方式的农业组织创新，包括新型合作社、农村专业技术协会、一二三产业融合、公司+农户、公司+基地等。所有这些新型组织方式，本质上都是土地、资本、技术、管理的高级结合方式。而其中起到启动、协调、推动作用的，是经营管理人才。农业经营管理人才，要求视野开阔，有独到的眼光，去认识、开发和配置资源，成功地创业；要求关注党的"三农"大政，深刻领会政策文件精神；要求能够把握市场规律和行情趋势；更要求有高度的"三农"情怀，爱农业，懂农业。

（二）培养新型职业农民和农业科技人才

新型职业农民就是习近平总书记提出的以"爱农业、懂技术、善经营"为特征，生产水平高，以农业为主并且以农业为主要收入来源的农民，农业收入应占其收入的90%以上。农业科技人才包括生产一线的技术应用人才和提供科技支撑的科研人员。从大田种植、园艺、畜产养殖、特色种养等到乡村休闲观光旅游业，都离不开科技的作用。农业科研人才，主要集中在农业高校和农业研究院所，他们人数不多，但作用巨大。不断研发、引进和提供新的技术，为一线的技术应用人才提供源头性的新技术支撑。

（三）着力挖掘乡村文化人才

选拔具备专业素养、热爱乡村文化事业、业务素质出色、甘于奉献的优秀人才，并组建一支专业化的乡村文化管理工作团队。关注非物质文化遗产传承人的发掘和培养，保障珍贵传统文化的传承和发扬。推动文化人才培训项目，加强农村基层文化骨干及乡村文化工作者的培训力度，以提升其政治素质和业务水平。增加财政投入，提升经济待遇，提高乡村文化岗位的吸引力。

（四）大力实施基层组织带头人提升行动

提升提升基层组织治理水平，关键在于培养一批优秀的基层党员干部。特别是村支两委负责人，应将那些有致富带头能力、返乡创业经验以及合作社负责人等优秀人才纳入其中。此外，应广泛吸引高校毕业生、机关企事业单位优秀党员干部到村任职，确保村里有话语权、有威望的党员选出，并团结村里老教师、老干部、种植能手等乡贤，共同为村里的发展出谋划策。为此，必须建立完善的激励保障机制，以激发村干部的工作热情。同时，还应完善从优秀村党组织书记中选拔乡镇领导干部、考录乡镇机关公务员等相关制度，为基层干部搭建良好的职位晋升平台。为了稳定基层干部队伍，还应逐步提高村干部的工作待遇，根据工作能力加入绩效奖励机制，对离职后的优秀村干部，应在生活补助、养老保险等方面给予保障，以激发他们的工作积极性。此外，应加强村干部的教育培养工作，增强他们的党性观念、法治意识以及公仆意识，全面提升他们乡村治理的综合能力。以上措施的实施，必将为提升基层组织治理水平打下坚实的基础。

三、以文化振兴为依托，努力打造留住乡愁的精神文化阵地

（一）注重乡村文化的开发包装

全面发掘乡村文化特色资源。深入了解乡村的历史文化脉络，提炼乡村特有元素，加大民间艺术、节庆文化、饮食文化等资源的调查力度，强化文化资源保护职责。探索文化与旅游、农业、农产品加工等多元融合途径，突破传统开发模式，围绕"全域旅游""创意旅游"等新兴业态进行创新性包装和推广，实现文化价值与经济价值相统一。精心打造高品质乡村文化品牌。深入分析乡村文化的内涵，挖掘其独特价值，尤其是对红色文化、祠堂文化、家训文化、民族民俗文化等进行高质量、有创意的品牌包装策划，塑造独具地方特色的乡村文化品牌。

（二）做优乡村文化的保护传承

将传统乡村文化风貌纳入村庄规划建设的核心内容，严格规范对传统村落、民族村寨、古树名木、农业遗迹等历史遗产的保护工作，确保在建设过程中延续乡村文化传承。设立村级文化陈列馆及主题文化博物馆，忠实再现历史名迹，使具有代表性的

历史文化遗产得以保存。完善乡村民间工艺的传承体系。发扬光大传统戏曲曲艺、非物质文化遗产及传统工艺技巧，建立有效的乡村文化遗产传承机制，支持非物质文化遗产申请、技艺传承、专利申请等项目，实行非遗传承人培训培养计划，推进乡村非遗展示与传习基地建设。

（三）加强乡村文化的宣传教育

用严谨的科学理论引导村民，让众多村民的思想迈向"富裕"。我们将培育和践行社会主义核心价值观作为创建目标，广泛开展有关"文明乡风、良好家风、淳朴民风"的宣传教育活动，即组建乡风文明理事会、成立文明劝导服务队、设立道德讲堂、建设文化宣传墙，以及组织各种创评活动，使新时代农村健康向上的风尚融入生产生活的方方面面。根植于优秀传统文化的普及教育，创新乡村文化传播形式。加快乡镇文化站、文化广场、农村文化礼堂、图书馆、数字媒体等项目的建设，以教育、礼仪、家风等为建设内容，构建农村新型文化体系。积极开展农村法制宣传教育活动，提供法律服务、设立法律讲堂，让广大村民学法、知法、懂法，学会用法律维护自身合法权益，为农村经济发展和社会和谐稳定营造良好的法治氛围。

（四）促进乡村文化的多元投入

加强乡村文化建设专项资金投入，提高文化事业支出占比，持续扩大农村公共文化服务支出规模，设立乡村文化建设专项引导基金，确保公共文化服务覆盖乡村角落，发挥政府投入的引领与杠杆效应。引导社会力量投身乡村文化建设，发起民间捐赠活动，充分发挥非遗保护民间组织的作用，鼓励村民自筹资金成立农民演出团队、农家书屋等，吸引招募一批热爱乡村文化的文化英才、大学生、退伍军人等加入乡村文化建设队伍。

四、以生态振兴为基础，积极构建乡村绿色宜居宜业家园

（一）打造绿色人居环境

乡村振兴应高度重视改善人居环境。将农村环保基础设施建设与农村发展新业态、新模式紧密结合，有效治理农村污水、垃圾、空气污染等问题，确保人居环境与产业融合协调推进。增加农村人居环境基础设施投资，逐步形成政府、企业、社会多元化投入机制，积极与上级相关部门协调沟通，争取更多专项资金支持。

（二）推进绿色生产方式

推动农业产业与资源环境相互协调，其关键所在是坚持绿色生产方式，守住生态建设的底线。以科学发展为指导，推动畜禽养殖产业发展，推广先进农业技术，使用高效、低毒、低残留农药，着力实现农业生产结构优化、生产技术生态化、生产过程洁净化、生产产品无害化。在保护中发展，在发展中保护，让绿水青山转化为源源不断的金山银山。积极开展环境污染整治行动，遵循防治结合、标本兼治的原则，加大对乡镇企业的监管力度，巩固达标排放成果，加强重点污染企业的严密监控，对新建企业实行严格的环境影响评价审批。大力推进农业标准化生产基地建设，大力发展农村循环经济，建设一批种、养、加工一体化的农业循环经济试点，加强无公害农产品、绿色食品、有机食品生产基地建设。

（三）构建生态环境保护治理长效机制

认真激发农村居民的内在动力，充分运用农民的主体作用。在农村基础教育中大力提倡环境保护教育，利用各种教育方式提升环保意识，引导农民积极参加人居环境规划、建设、管理的全过程。进一步完善乡村生态环境监管体制，优化生态考核指标体系，明确将农村环境质量纳入年度政府政绩考核。完善农村生态环境补偿机制，严格按照"谁保护谁受益、谁使用谁付费"的原则，加快构建资源保护补偿政策体系，确保绿色发展方式得到补贴。同时，完善农村基础设施运营维护机制，制定农村基础设施运营维护补助标准，纳入各级财政预算，逐步建立农村资源使用和公共服务适当收费机制。

五、以组织振兴为保障，大力推进乡村治理体系现代化

（一）积极构建"三治结合"的乡村治理体系

在构建乡村治理体系时，我们需要实现自治、法治、德治的结合，确保法治保障作用的有效发挥。完善基本公共法律服务体系，让广大农民群众享受更加广泛、深入和充分的法律服务，深入开展平安乡镇、平安村庄等创建活动，同时积极发挥党员干部的"领头雁"作用，大力推动村支两委依法依规规范管理村民自治事务，形成遇事找法、办事依法、解决问题用法的法治型乡村秩序。通过多种途径加强村民公民意识

教育，培育村民的权利意识、责任意识和参与意识，发挥自治的核心作用。完善村民自治微观制度，健全民主选举、民主决策、民主管理和民主监督制度。广泛组建群众性自治组织，成立村民议事会、道德评判团、乡贤参事会等载体，实现村民自我管理、自我教育、自我服务的机制。在乡村治理中，融入德治，发挥德治的基础作用，为乡村自治和法治赢得情感支持。加强家风建设，持续开展"道德模范"、"文明家庭"等评选活动，不断繁荣群众精神文化生活，让社会主义核心价值观融入乡村生活，创新乡贤文化，形成崇德向善、见贤思齐的乡风民风。

（二）逐步完善乡村基层治理多重机制

关于构建群众利益表达回应机制、明晰村民主体地位、完善村民大会制度构建完善的群众利益表达和回应机制，必须明确村民的主体地位，加强村民大会制度和基层信访制度的完善。实行信访案件首办责任制，确保村民的诉求得到及时处理。拓宽治理主体的表达渠道，建立健全村民维权组织体系，鼓励发展村民自治组织，加强乡村政务信息公开机制的建设。政务公开是基层民主建设的重要组成部分，需要通过召开各种会议、设立公开栏以及网上公开平台等方式，确保政务公开的透明度和公正性。重构乡村公共产品供给机制，建立公共产品供给的监督机制，有效解决公共产品使用率低下的问题。完善乡镇政府和村支两委的公共财政预算体制和审计制度，实行专款专用，确保公共资源的合理分配。建立乡村民主监督机制，实行村级小微权力清单制度，加强对惠农补贴、集体资产管理、土地征收等领域的监督，严厉整治腐败之风，保障农民的合法权益。为此，需要打造理念创新、过程规范、结构合理、制度优化的乡村治理环境，推动乡村的稳定和发展。以上改写内容力求保持原意，并采用较为严肃庄重的方式表达。

第四节 乡村振兴的要求

乡村振兴是国家在新中国成立以来做出的一项关键战略决策，它是全面建成小康社会、全面建设社会主义现代化强国的重要历史任务，更是新时代"三农"工作的核心组成部分。我们要深刻理解乡村振兴所提出的"产业兴旺、生态宜居、乡风文明、治理有效、生活富裕"的五大要求，它们之间相互关联、密不可分，形成一个有机整体。正确理解其核心要义和相互关系，对于厘清乡村振兴战略思路、科学有效地落实相关工作具有关键意义。

一、产业兴旺

"产业兴旺"是乡村振兴的重点。没有乡村产业的兴旺，乡村振兴就是空中楼阁。

（一）夯实农业基础确保粮食安全

牢固树立农业基础意识，扎实推进"藏粮于地、藏粮于技"的战略，充分发挥农田水利基础设施的保障功能，开发农机装备与种业等现代科技创新的增产潜力，夯实粮食生产能力，全力实现好习近平总书记要求的中国人的饭碗要牢牢端在中国人的手上，中国人的碗里要装中国人自己生产的粮食，中国人的粮食要用中国自己繁殖的先进品种，进一步推动国家粮食安全战略更实更牢。同时，进一步优化农业结构，提高农业的国际竞争能力，不断增加农民收入。

（二）坚持绿色发展推进质量兴农

推动质量兴农、绿色兴农、品牌强农，就是要立足转变农业发展方式，积极构建现代农业产业体系、生产体系、经营体系，提升农业优质化、绿色化、品牌化发展水平，推动农业发展质量变革、效率变革、动力变革。2018年是我国的"农业质量年"，农业农村部审议通过的《国家质量兴农战略规划（2018-2022）》，启动实施农业高质量发展八大行动，完善乡村产业标准体系，加强质量安全监管，不断创新符合乡村产业振兴的组织形式，进一步构建现代农业产业体系、生产体系和经营体系。

（三）通过产业融合促进产业振兴

在推进城镇化与工业化的发展进程中，我们必须始终秉持清晰的思维，将工业产业发展的核心聚焦于城市，同时制定一系列相关政策，以引导资源向乡村发展和县域经济发展方向汇聚。因此，实现乡村产业振兴的关键在于通过制定各项政策及采取相应措施，激发社会各界的活力，在确保城市繁荣的基础上，将更多要素引入县域经济发展这一平台，为农村缔造更多满足农民需求、适宜各方面人才施展才华的广阔空间，进而推动现代农业产业园建设，推动农村一二三产业融合发展，最终实现乡村产业振兴。

（四）推动特色产业激活乡村活力

推动特色优势产业区的发展，应注重加快信息技术、绿色制造等高新技术在整个产业链中的应用与渗透，加快构建现代农业产业体系、生产体系、经营体系，推进农业由"增产导向"转向"提质导向"，切实提升全要素生产率，提高农业发展的质量和效益，全面培育"现代农业+"的创新发展新业态，通过建立健全有利于城乡融合发展的体制机制和政策体系，推动现代科技走进乡村，农业产品走出乡村，挖掘和激活农村经济高质量发展的潜力。

二、生态宜居

"生态宜居"是乡村振兴的重中之重。我们敬爱的总书记在关于乡村振兴的重要论述中，将"生态宜居"作为总体要求的一项核心内容，这充分显示了生态振兴在乡村振兴战略中的重要地位。当前，我国农业农村发展正面临严峻的挑战，如何处理人与自然、社会系统与自然生态系统之间的关系，是我们必须深思的问题。我们必须将生态文明建设全面融入乡村振兴的各项工作中，努力构建人与自然和谐相处的良好关系。人与自然和谐共生，是人民追求美好生活的重要标志。我们必须积极应对，为构建美丽乡村、宜居乡村贡献力量。

在工业化、城镇化加速发展的背景下，必须加大农村生态治理资金的投入，建立健全有利于农村生态治理的生态补偿机制，强调尊重自然、顺应自然、保护自然，统筹山水林田湖草系统治理，增加农业生态产品和服务供给，推动乡村自然资本加快增值，实现"百姓富"和"生态美"的"双赢"。还要进一步创新与整合相关技术，加强农业面源污染防治、农村水环境治理和饮用水水源保护、土壤污染治理修复、流域环境治理、近岸海域综合治理等，实现投入品减量化、生产清洁化、废弃物资源化、产业模式生态化，严禁工业和城镇污染向农业农村转移。另外，在乡村改造过程中，需注意保留村庄原始风貌，注重文化传承，全面改善和提升农村人居环境的质量，通过建设美丽乡村、完善农村生态治理设施建设，进一步提升村容村貌，更好发展乡村旅游、打造田园综合体。

（一）生态技术化和技术生态化，实现可持续发展

科技的进步显著提高了人类对自然界的改造能力，但过度使用科技也导致自然灾

害和生态灾难的发生频率增加。我们需要辩证地看待科技对生态环境的双重影响，它既可能提升环境质量，也可能破坏生态系统的平衡。因此，如何运用科学技术成为人类寻求与自然和谐发展的关键问题。乡村振兴需要我们审慎对待科技问题，理性选择并运用科技，支持鼓励农业技术创新，积极发展推广生态化农业技术。生态化技术既考虑人类对自然的依赖，也关注人类对自然的责任与义务。生态化技术并非简单地将科技生态化或等同与生态学，而是在技术的创新发展过程中融入生态意识和观念，使技术具备环保和生态属性。农业生态化技术将生态保护的理念融入农业技术发展中，以确保大多数社会利益和生态环境可持续发展为原则。同时，将技术评价标准和目标结果从"人—社会"二维视角扩展到"人—社会—自然"三维视角，使农业科技既服务于经济发展，又服务于生态环境保护与建设。

（二）确立生态系统整体性循环思维，实现人与自然环境协调发展

新时代我们建设生态文明，振兴我们的乡村，必须用新的思维方式。

迈向生态文明时代，人类在发展过程中应当摒弃线性分析思维模式，树立整体性循环思维的生态观。这是因为人类对世界的认知制约着其改造世界的能力，当人们认为某种物质没有价值时，很可能是因为科学技术或其他认知方面的局限，导致该物质的价值未能得到充分发掘。然而，自然资源的稀缺性和不可再生性是不容忽视的现实，我们应当尽可能地物尽其用，珍视自然资源和生态资源，最大程度地避免经济社会发展造成的环境损失。因此，在乡村振兴的生态实践中，我们应该确立整体性循环思维，将自然界视为一个整体，承认人类与其他生物共同构成自然界的一部分，平等对待自然界中的所有生命和物质。从而在农业发展和农村建设中实现资源利用与废弃物产出之间的良性平衡，形成人与自然界各物质间的和谐互动，使自然界各物质实现平等相处、和谐共处，充分发挥自然资源在农业发展、农村建设中的价值，提高乡村的生态环境质量。

（三）转变乡村生产生活方式，实现绿色发展

在当前阶段，农业资源环境问题日益严重，人们对优质环境和优质农产品的需求不断增长，因此，积极推动乡村生产方式和生活方式绿色化转变的生态伦理实践活动势在必行。

生产方式是物质谋取方式和社会经济活动方式在物质生产过程中的有机统一。与

传统乡村生产方式相比，乡村生产方式绿色化体现了人们在思想意识与实践行为在社会经济发展与物质生产本原问题上的进步。绿色化转变要求我们将乡村社会经济发展纳入整个自然生态系统，承认自然界既是工具性，也是价值性的统一体。把社会经济发展视为自然界整体发展的一部分，其发展的基础是实现人与自然的和谐共生。乡村绿色化生产方式是为了农村农业的可持续发展，在充分发挥农民主观能动性的基础上，合理利用自然规律，结合利用自然与保护自然，形成一种生产方式。从本质上讲，这是坚持保护生态环境就是保护生产力、改善生态环境就是发展生产力的观念。

生活方式是指人们生活活动的各种形式和行为模式的总和，它涵盖了怎样生活、什么是好生活的方式、方法。生活方式不仅包括衣食住行游等日常生活领域，还涉及劳动生活方式、消费生活方式、闲暇生活方式等全部生活领域，是日常生活和非日常生活（不包括非生活因素）的有机统一。绿色化的生活方式就是要将尊重自然、珍惜生命、追求人与自然、社会和谐共生的绿色发展理念融入生活方式中，使人们的全部生活活动形式和行为模式朝着勤俭节约、低碳绿色、文明健康的方向发展。

在乡村生活方式绿色化转变领域，我们应该倡导农民形成以知识、智慧为价值取向的价值观，替代物质主义的价值观。在生态文明时代，农民的消费生活价值观应提倡拥有、利用、消费知识和智慧含量高的商品，使农民的消费更加自由、自主且富有个性化。同时，要丰富农民的精神生活，引导农民从崇尚物质逐渐转向崇尚精神，以丰富的精神生活取代享乐主义和物质主义。这种生活方式追求社会、心理、精神、审美的需求，积极参与科学和艺术活动、旅游、娱乐以及一定的社会道德生活和信仰生活。这种方式更符合人的本性，更符合自然本性，是一种更高生活质量的新生活，是乡村振兴生态伦理实践的有效路径。

三、乡风文明

"乡风文明"在乡村振兴中至关重要。要弘扬乡村保留的优良传统文化，加强对乡村物质文化和非物质文化的保护，特别是要关注体现中华优秀传统文化和红色革命文化的关键区域，以及民族地区民俗、民风、民居等特色文化的保护。守护好农民的精神家园，防止传统文化的流失，为乡村振兴提供内在动力和支持。

乡村振兴既要注重物质文明建设，也要注重精神文明建设。没有乡村文化的高度自信和繁荣发展，就无法实现乡村振兴的伟大使命。在乡村振兴的各个领域和过程中，要始终贯穿乡村文化振兴的理念，提供持续的精神动力。推动乡村文化振兴，要加强农村思想道德建设和公共文化建设，以社会主义核心价值观为指导，深入挖掘优秀传统农耕文化中的思想观念、人文精神和道德规范，培育和发掘乡土文化人才，弘扬主旋律和社会正气，树立文明乡风、良好家风、淳朴民风，改善农民精神风貌，提高乡村社会文明程度，展现乡村文明新气象。

（一）大力倡导健康文化淳正乡风民风

文化是一个国家、一个民族的灵魂。精神文明建设同样也是乡村振兴的关键。当前，随着乡村经济发展和人民生活水平的日益提高，精神文化的匮乏已经日益凸显，人民需要更加丰富的文化来充实生活，而不能是赌博之风盛行、奢靡攀比之风占据主流。这就需要政府大力引导积极健康向上的文化，积极宣传，加强引导，让健康的文化传播起来，让乡风民风更加淳正，让文化建设也同样满足人民群众日益增长的精神需求。

（二）加大力度投资文化建设完善文化基础设施

人民的思想解放了，对精神文化生活有了更大、更强烈的需求，这就需要政府加大文化基础设施建设的投资力度，进一步整合资源，进一步完善文化基础配套设施，让渴求文化生活的群众得到满足，建设广场、搭建戏台、建立书屋、购置书籍、普及网络等等，让新建的广场活跃起来，让农家书屋也出现"琅琅读书声"，让闲暇之余的村民能够上网、下棋、看电影。

拓展推广农村文化长廊、党建宣传文化墙等，争取"一村组一广场一长廊，每户一面党建宣传文化墙"，加强农村精神文明建设。在推动实施乡村振兴战略进程中，尤其要注意提高农民对乡村振兴相关政策及其重大意义的认知水平，培养其责任意识、参与意识，吸引更多农民更好融入乡村振兴的进程。

（三）着力树立乡村文化品牌弘扬民俗文化精髓

"望得见山、看得见水、记得住乡愁"。乡村文化品牌是乡村振兴最亮丽的名片，乡村文化品牌往往来源于丰富的民俗文化和红色文化。要建立具有鲜明特色的文化品牌，就要立足于当地实际，整合自然、文化、产业资源，将民俗文化与环境特色、人文景观、革命历史等进行有机融合，建设特色小镇、网红民宿、农家旅游、革命文化馆等。立足乡村文明，吸取城市文明及外来文化优秀成果，在保护传承基础上，创造性转化、创新性发展，不断赋予时代内涵、丰富表现形式，为增强文化自信提供优质载体。

四、治理有效

治理有效，乃乡村振兴之基础。强化乡村治理，乃推动国家治理体系和治理能力现代化的必然之举。首当其冲者，乃乡村组织振兴，须铸造千千万万个坚强的农村基层党组织，培养千千万万名优秀的农村基层干部，提升农村基层党组织的领导力、凝聚力和战斗力。须将乡村自治、法治、德治有机结合，以更好地引导、带领群众投身乡村振兴的大业。党组织之力，源于组织，组织可使力量倍增。基层党组织，乃实施乡村振兴战略之"主心骨"。农村基层党组织强不强，基层党组织书记行不行的实际问题，直接关系乡村振兴实施效果之优劣。习近平主席强调："要加强乡村组织建设，推动乡村组织振兴。我们需要打造千千万万个坚强的农村基层党组织，培养千千万万名优秀的农村基层党组织书记。深化村民自治实践，发展农民合作经济组织，健全党委领导、政府负责、社会协同、公众参与、法治保障的现代乡村社会治理体制，使乡村社会充满活力、安定有序。"此言不虚，必须认真执行。

（一）切实强化农村基层党组织领导核心地位

农村基层党组织作为农村各类组织与各项工作的核心，无论在农村社会结构如何变迁，各类经济社会组织如何成长，其领导地位不可撼动，战斗堡垒作用不容削弱。务必坚持并发挥其核心作用，思想上坚定不移，实践中寻求方法与途径。强化政治功能，提升组织力，牢牢把握中国特色社会主义发展方向，确保党的方针政策在农村扎实落地，同时坚决抵制各种不良风气。提升服务能力，强化基层服务型党组织建设，更好地助力改革、发展、民生、群众与党员工作。加强对村级组织的统一领导，勇于承担、积极作为，引导村级其他组织自觉接受党的领导，支持他们在法律规范框架内行使职能，确保健康有序发展。要在全面覆盖和有效覆盖方面下功夫，创新完善农村基层党组织设置，紧跟农村经济社会新变化，加大在农民合作社、农业企业、农业社会化服务组织等建立党组织的力度，同时加强在农民工聚居地建立党组织的力度，切实扩大党的组织和党的工作覆盖范围。

（二）选好用好管好农村基层党组织带头人

农村富弱，重任在支部；村强与否，关键看"领头羊"。吾辈当深思，一支强有力的农村基层党组织,其核心在于有一位出色的书记。反之,若是党组织薄弱,关键在于缺乏一位优秀的领头人。随着时代变迁,农民进城务工,大批能人、年轻人涌向城市,村党组织书记选配之难,在全国各地尤为突出。为培养千千万万优秀的农村基层党组织书记,我们必须下大力气解决村党组织书记选配难题,深入挖掘致富带头人、外出务工经商人员、复员退伍军人、在外工作的退休干部以及乡村医生、乡村教师和其他乡贤中的人才,注重选拔优秀大学生进入村班子。在选人用人过程中,我们必须坚持党性强、作风好的原则,不能简单地、笼统地以"能人""富人""领头人"的标准进行选配。对于党组织软弱涣散村和贫困村,应从机关选派优秀干部任"第一书记",加强教育培训,增强领导水平和能力。教育培训是提升党组织书记素质的重要途径,应在加强习近平新时代中国特色社会主义思想学习的同时,深入开展方针政策、形势任务和法律法规以及群众工作、领导方法等方面的专题培训。只有不断学习,不断提高,才能更好地肩负起农村基层党组织书记的重任。

(三)"三治"相结合构建乡村治理机制

乡村治理对于国家治理体系具有至关重要的基础作用,是实现全面建成小康社会目标的必要条件。乡村振兴关键在于治理有效,应当深化村民自治实践,推动农民合作经济组织的发展,建立健全现代化的乡村社会治理体制,确保乡村社会的活力与秩序。要坚持以自治为基础,加强农村群众性自治组织建设,完善和创新村党组织领导下的充满活力的村民自治机制,发挥自治章程和村规民约的作用。全面建立村务监督委员会,通过多种形式和层次的基层协商,形成民事民议、民事民办、民事民管的格局。要创新基层管理体制机制,优化公共服务和行政审批职责,打造综合性服务平台。坚持法治为本,强化法律在维护农民权益、规范市场运行、农业支持保护、生态环境治理、化解农村社会矛盾等方面的权威。要深入开展扫黑除恶专项斗争,严厉打击农村黑恶势力、村匪村霸、宗族恶势力以及黄赌毒盗拐骗等违法犯罪行为。对村干部要加强管理,完善并落实"小微权力清单乡村治理是国家治理体系的基础,关系到国家的稳定和百姓的安居乐业。乡村治理在补齐全面建成小康社会"短板"中起着至关重要的作用,是必须深入研究和解决的重大课题。要实现乡村振兴,必须首先实现治理有效,这离不开村民自治的实践,发展农民合作经济组织,建立健全乡村社会治理体制。要坚持以自治为基,加强农村群众性自治组织建设,发挥自治章程、村规民约的作用。要全面建立健全村务监督委员会,形成民事民议、民事民办、民事民管的多层次基层协商格局。要创新基层管理体制机制,优化公共服务和行政审批职责,打造综合服务平台。要坚持法治为本,树立依法治理理念,强化法律在维护农民权益、规范市场运行、农业支持保护、生态环境治理等方面的权威地位。同时,要深入开展扫黑除恶专项斗争,严厉打击农村黑恶势力、宗族恶势力及黄赌毒盗拐骗等违法犯罪行为。作为基层干部,必须从严管理,建立健全各项制度,督促村干部履职尽责、清白干事。只有这样,才能保证乡村社会的安定有序,推动乡村振兴战略的实施。

(四) 从严加强农村党员队伍建设

农村党员在党的农村工作和基层组织建设中扮演着重要角色,他们是贯彻党在农村各项政策的关键力量。为解决队伍老化、青黄不接等问题,我们要实施严格的政治审查制度,提高标准,规范培养和发展流程,特别注重在"80后""90后"青年农民中选拔党员。要大力推广党员评星定级、党员群众教育培训讲习所等有效措施,增强教育管理的针对性和有效性。严格党内政治生活,确保"三会一课"、组织生活会、党性分析、民主评议党员等基本制度得到全面落实,使党内政治生活具有政治性、时代性、原则性、战斗性,防止形式主义、平淡化、庸俗化等问题,切实提高党员的思想政治素质。同时,要充分利用现代信息技术手段对党员进行教育管理,着力破解流动党员管理难题,提高党员教育管理服务信息化、精准化水平。稳妥慎重地处理不合格党员,保持农村党员队伍的先进性和纯洁性。同时,要给予农村老党员、老干部、老模范充分的关心和帮助,让他们感受到组织的温暖。

(五) 加大基层基础保障力度

投入问题不仅仅是经济问题,更是一个政治问题。将资金投入到巩固党的执政基础中,才是明智之举。我们必须着力解决基层力量不足、基层经费不到位、基层干部待遇不落实、活动场所及服务设施不完善等问题,引导更多人才投身基层,加大基层投入,政策向基层倾斜。要建立农村基层党建责任清单,明确各级党委的主体责任、书记的第一责任和相关部门的直接责任,做到人人有责、人人担责。县级党委要发挥"一线指挥部"作用,加强组织实施;乡、村党组织要守土有责、守土负责、守土尽责,绝不能放弃责任。要建立以财政投入为主的稳定的经费保障制度,完善村级组织活动阵地及服务设施,建设好、管理好、使用好,使其成为服务党员群众的主阵地。要健全考核评价机制,以述职评议考核为抓手,层层传导压力,倒逼责任落实,推动基层党建责任落地见效。组织强则乡村兴，我们要坚持以习近平新时代中国特色社会主义思想为指导，围绕健全组织、建强队伍、开展活动、完善制度和落实保障这五大要素，激活和发展好乡村组织，为乡村全面振兴提供坚实的政治保障。同时，我们要积极调动农民群众的积极性、主动性，引导他们紧跟新时代，唱响主旋律，实现乡村邻里和睦和谐，形成现代乡村社会治理体制。我们要保障乡村社会健康有序发展，让农民群众过上幸福美满的生活。因此，我们必须高度重视基层党建工作，以高度的责任感和使命感，推动基层党建不断取得新成效。

五、生活富裕

生活富裕既是乡村振兴的根本，也是实现全体人民共同富裕的必然要求。习近平总书记强调，要构建长效政策机制，通过发展集体经济、组织农民外出务工经商、增加农民财产性收入等多种途径，不断缩小城乡居民收入差距，让广大农民尽快富裕起来。生活富裕是当前阶段实现共同富裕的基本形式，它与消除贫困、改善民生、不断满足人民日益增长的美好生活需要一起，充分体现了我国处于社会主义初级阶段的基本国情和主要矛盾；共同富裕是乡村生活富裕的目标导向和价值追求，彰显了中国特色社会主义的制度优势和发展优势。

（一）打赢脱贫攻坚战，为实现乡村生活富裕奠定基础

生活在贫困线边缘，当然称不上富裕，富裕的生活首先要摆脱贫困。

历史和实践都表明，让贫困地区的农民脱贫既是乡村振兴的"里子"，也是"面子"。发展是甩掉贫困帽子、走向生活富裕的总方式和好路子。当前，要构建长效政策机制，通过发展壮大集体经济、组织农民外出务工经商、增加农民财产性收入、发展新产业新业态、开展多种形式适度规模经营、鼓励和引导新型农业经营主体延长农业产业链等多种途径，不断缩小城乡居民收入差距，让广大农民尽快富裕起来。特别是要聚焦深度贫困地区和特殊贫困群体，以精准扶贫工作为牵引，构建科学合理、分类指导、因地制宜的精准扶贫机制，着力改善贫困地区发展条件，解决特殊贫困群体实际困难，激发贫困人口发家致富的内生动力，为实现乡村生活富裕打好基础。

（二）加强乡村基础设施及人居环境建设，补齐增收短板

乡村基础设施是乡村经济社会发展和农民生产生活改善的重要物质基础，加强乡

村基础设施建设是一项长期而繁重的历史任务。开展乡村基础设施建设，必须顺应农村经济社会发展趋势，坚持规划先行，充分发挥规划的统筹指导作用。充分考虑未来一个时期我国工业化、城镇化和农村劳动力加速转移给村庄布局、居住方式、基础设施布点所带来的变化。既要做到尽力而为，努力把公共服务延伸到农村去，又要坚持量力而行，充分考虑当地财力和群众的承受能力，防止加重农民负担和增加乡村负债搞建设；既要突出建设重点，优先解决农民最急需的生产生活设施，又要始终注意加强农业综合生产能力建设，促进农业稳定发展和农民持续增收，切实防止把新乡村建设变成新村庄建设。建立乡村道路、垃圾和污水处理、卫生厕所以及绿化管护等乡村人居环境治理长效机制。

（三）均衡公共服务资源，提升农民生产生活水平

生活富裕还应包括让农民享受公平、均衡的教育医疗资源。不可否认，近年来农村的教育医疗状况得到了很大程度改善，农村学校办学条件和师资力量得到了极大提升。东部沿海发达地区不少乡村还初步实现了建设"15分钟健康服务圈"。但总体上看，当前农村教育医疗水平同农民的生产生活需求以及对美好生活的期待之间，还存在较大差距。这说明，在引导农民追求富裕生活的过程中，要继续大力发展农村义务教育，探索实施健康乡村战略，推动城乡教育医疗事业一体化发展，全面提高农民生产生活水平。

（四）加强精神文明建设，提升乡村生活品质

生活富裕不仅仅是"口袋富"，还包括"脑袋富"。进入新时代，农民对生活的要求不只是吃饱穿暖，还在于吃得丰富、安全和健康；不只是住上宽敞明亮的房子，还在于有富足、充实的精神文化生活。因此，在推动乡村振兴过程中，必须正视和回应部分地区农村公共文化式微的客观现实。通过挖掘优秀的民间民俗文化、培养农民文艺骨干、加大农村公共文化设施投入、做实做优"文化下乡"活动等途径，不断做好农村公共文化供给，丰富充裕农民的精神文化生活，让农民真正体会到生活富裕的真谛和价值。

牢牢抓住就业增收这个农民群众最关心、最直接、最现实的利益问题。以确保国家粮食安全为底线，根据地区资源禀赋条件，因地制宜，融合多个产业、多种要素、多方主体、多维支持，发展高效特色农业产业，挖掘乡村特色产业，重视对其资源的

开发和利用，不断扩大周边市场，不断接受周边城市的经济扩散效应，吸引劳动力的流入，从而提高农村生产力水平和农业生产效率，增加农民收入，拓宽实现乡村生活富裕渠道。

第五节　县域高中教育质量的相关概念

一、县域高中的概念界定

县域高中一直是县内办学质量一流的高中。这也是在我国高校历史上，国家办好省级重点高中政策的重要结晶。在 1953 年，中央为了提倡"办重点高中"，决定建立一百九十四所国家级重点高中，从而产生了新的中国第一个省级重点高中。二十世纪五十年代末至六十年代初期，中央一再明确要在全国大、中、小学校建立重点院校，从而促使全国各类着重院校于六十年代初取得了初步建立。一九八〇年，教育部发出了《关于分批分阶段办要点高中的决定》，要求进一步完善并做好重点院校管理工作，明确提出"分批分阶段办重点高中，首先要聚集能力办好一些基本要求较好的重点高中"。至 1994 年，国务院在《关于实施我国高等教育改革与发展纲要的建议》中就比较具体地指出，"到 2000 年，一般高级中学在校学习生到达八百五十万人以下。各个县都要集中在县城办好一至二个一般高级中学。我国将重点建立约一千所实验示范性中学"。通过几年的发展，全省各地基本建立了一、两个代表区域教学高水准的中学。

二、县域高中教育质量影响因素

县域高中好的教育质量，从根本上来说，更多的还是要以人为本，人的发展是教育的最终目的，是验证教育质量好与坏的最重要的标准，同时是推动教育发展的根本动力。从整个教育的发展来看，良好的教育质量离不开人、财、物三大要素。受地理位置、经济条件因素等客观条件的综合影响，县域高中发展面临着人、财、物三大方面的落后和缺失，每个因素和每个因素不是断层，而是环环相扣彼此影响。

从教师资源来说，县域师资力量一方面是"缺"，缺少与学生数量对应的教师数量，一个教师对应班级学生 60 名乃至 70 名仍很常见，班级学生数量提高，将原来本该是 5 个班的学生压缩为 3 个班，一个任课教师面对超额的学生，从辅导到授课都是超负荷运行，更别说针对性地辅导、扩展教育和创新教育教学方法，因为基础的教学任务已经让这名教师腾不出多余的时间和精力；另一方面，从县域的整体经济环境和待遇缺乏对教师的吸引，导致更多教师偏向选择市级和省级中学；从生源来说，优质生源在不断流失，县域高中的学生更多来自农村，农村学生见证了高考这个通道对人生道路的重要性，很多孩子为了更好地教育进入了市区高中，如果是有前辈的支持甚至举家迁移，离开原有的农村。

从财政支持来说，县域高中的财政支持能力略低，"低"不是指县级对教育的不重视，而是在县级整个大环境上来说，能力有限，财力有限，支撑的程度有限；教学设备、教学环境以及师资力量都是基于财政运转下去，教学设备不够影响教育质量、师资力量不够影响教育质量、教学环境差也影响教育质量。

从办学条件来说，基本的办学条件对于主城区中学或条件好的私立中学来说轻而易举，但是对于县域高中来说，甚至是奢求，满足基本的办学条件已是不易，有一个像样的实验室和电脑室大多是标配，对比更多偏远的县域高中，这些可能只是"有"，能不能轮着让每个学生实际且频率高的"用"起来又是另外的情况；综合来说，县域高中发展的困境不是一个因素导致的，是综合的结果，由于财力不到位，导致教育资源匮乏，有条件的学生为了诉求更好的教育流失出去；教师为了更好地发展去了私立中学；办学条件差、师资力量弱这些又导致现有县域中学教学进一步落后；当前的师资力量无法承担教育教学体系的创新，没有精力物力去支持，甚至无法跟上教育发展的节奏等等。

第六节　县域普通高中发展的现实困境、挑战

2019年6月，国务院办公厅出台了《关于新时代推进普通高中育人方式改革的指导意见》，这份纲领性文件对21世纪以来我国普通高中教育的改革和发展具有重要意义，将对未来产生深远影响。近年来，全国各地的普通高中教育始终遵循党的教育方针，以立德树人为根本任务，不断探索多样化和特色化的发展思路，以课程改革为核心，推动育人方式转变为重点，着力加强普通高中教育内涵建设，为学校提供及时充足的师资和办学条件，全面提高普通高中教育质量，满足学生多元发展的需求，构建学生多元成长立交桥，形成了普通高中多样化特色发展的新格局。然而，随着城市化的推进，一些地区的郊区县实行"撤县设区"，出现了县域高中与区属高中并存的现

象。由于教育管理体制和工作机制的制约，城市周边的县域普通高中在发展中出现了质量下降的问题。客观地说，随着新课程的全面实施、新教材的全面使用、新高考的全面推进以及高中育人方式变革的客观要求，县域高中的发展面临着阶段性的发展困境，面临着诸多挑战，如何破解发展困境值得深入思考。

一、县域普通高中发展的现实困境

（一）县（区）属普通高中办学的责任主体不清

由于管理制度与机制的制约，国内许多地区的大部分普通高中受市教育局直接管辖，其余高中则归属各县（区）政府管理。县（区）属高中校长的任命和调动、普通教师的人事关系皆由县（区）政府负责，市教育局无直接管辖权力，而高中的业务管理工作则多采用市级统一管理。实际上，这就造成了高中教学业务由市级教育行政部门统一管理，但教师人事关系却分属不同层级管理的窘境，进而导致区属高中或县域高中办学的责任主体难以明晰。

（二）县（区）属普通高中办学经费投入不足

目前，许多地区的普通高中在办学经费方面主要依赖于县级（区级）政府。由于各县级（区级）经济状况、高中规模不一，以及义务教育以区级为主等因素，导致各县级（区级）普通高中在教育经费投入上存在较大差异。尽管市级教育局每年以项目形式向各区高中提供一定的经费支持，但区级高中办学条件仍不能满足学校发展的需求。特别值得关注的是，随着新课程新教材的实施、人口自然增长以及普通高中招生规模的扩大，普通高中资源短缺矛盾愈发突出。具体表现为：硬件保障不足，场地、教室和功能空间较为紧张；师资结构不够理想，教师数量不足、结构性缺编，非传统学科教师严重短缺。

（三）县（区）属普通高中办学同质化，竞争较为激烈

由于大部分普通高中为县（区）管理，出现了同一区域内普通高中数量过多，同一区域内高中招生规模远远超过本县（区）内符合高中升学水平的初中生数量。由于本县（区）内初中生源总量不足，校长既要从本县（区）内初中招录生源，还要到本县（区）外招录学生，这样就出现了同一区域内办学水平相当的普通高中为了争夺生

源出现同质化竞争的现象，耗费大量人力物力用于招生宣传和吸引生源，影响校长集中精力办学，影响教师安心于岗位教学。

（四）优秀生源向主城区流动现象严重

由于城市化发展的进程加快，城市规模扩大，城乡二元结构凸显。很多乡镇都划归城区，很多家长在城市购房，学生纷纷涌入城区上学。由于招生范围的调整，原有相对封闭的县高中生源出现外流，一些优秀生源向主城区流失，导致县高中优秀生源总量不足的情况雪上加霜。当前，县域高中学生进入国内高水平大学的途径主要有三个：高考裸分、高校自主招生和综合素质评价、竞赛保送。从近几年高水平大学录取情况看，县域高中学校竞赛师资不足、竞赛辅导能力不够和学生基础薄弱，每年能通过竞赛保送的人数凤毛麟角，竞赛保送更多地集聚在市属高水平高中。自主招生和综合素质评价录取中，高校在面试中对学生个性特长要求较高，县域高中学生从小接受各类个性特长培训机会少，参与社会实践次数也受客观挑战限制，城区高中学生在综合素质评价录取的比例存在一定优势。城区高中由于高水平高中竞赛辅导实力强，在高考前获得保送、签约降分等优惠条件更多；一些高水平高中历年竞赛成绩显著，备受高校青睐，高水平大学在投放各类学科竞赛营、冬令营、夏令营以及综合素质评价校测名额给予一定倾斜，有更多更好的机会，从而出现市内一流高中学生进入高水平大学的"马太效应"；高水平高中选物理学科的优秀学生比较多，大多数有竞赛的底子，在高校测试中占据明显优势。以上条件，一般县域高中难以获得资源优势，这正是新高考改革之后，普通县域高中在拔尖创新人才培养上遇到的困境。

（五）一些县（区）党委政府教育政绩观出现偏差

受制于传统的教育评价观念的影响，一些县（区）党委政府领导对所属普通高中的评价，更多地关注考取985及211高校的人数，并据此对学校进行表彰或奖励。这样就导致一些学校的办学方向出现了偏差，过多关注优秀学生的培养，而忽视普通学生的提高。当地的老百姓对县（区）高中办学质量产生不信任，又加剧了家长送子女去城区高中上学的现象，加快县域高中生源的流失。

二、新高考改革带来的挑战

在现行新高考的"3+1+2"模式下，选科和赋分制度对学生选科的结构发生了直接和显著的影响。原先的选科制度是引导学生增加课程选择性，促进学生个性成长。由于学生和家长趋利避害的心理，选择化学学科学生的比例急剧降低，地理、生物学科选科人数剧增，带来了高中化学教师过剩，地理、生物教师急缺，师范院校培养的学生还没有毕业，地理、生物等学科的师范生已经抢订一空。选科的变化，导致学生选科结构失衡，给学校教学工作带来很多困难。一是如何合理选科的问题。选科是新高考赋予学生的学习选择权，而县域高中学生的家庭文化基础和社会资源相对缺乏，家长不是从人才发展角度出发，而是从如何最容易考上大学的角度思考家庭的需求，对学校合理选科的指导带来客观的困扰。二是选科后师资配置的困扰。化学老师大量富余，无课可教，地理、生物、政治老师严重不足，且每届学生选科人数不稳定，导致每年都会出现师资的"潮汐现象"。比如：地理学科，现行高三、高二年级因选科人数剧增，地理教师配置数量较以往显著增加，导致高一地理教学出现巨大缺口，退休返聘教师也难以满足需求，个别高中只能到社会教育培训机构临时聘用有教师资格证的老师来上课。三是选科后教学管理上的困扰。按照新高考方案，"3+1+2"模式存在12种组合，如果全部满足选科走班，学校师资保障、集体备课、教师工作评价、学生学习辅导等方面都存着很大的挑战。

第二章 普通高中教育办学模式改革趋势

当今世界，无论发达国家还是发展中国家，普遍重视普通高中教育，在新形势下，就各自国家的普通高中教育的培养目标、教育体制、办学模式、课程设置、教学管理等方面也都进行着深入研究和改革尝试。这些研究和改革对我国普通高中的建设和发展具有重要的借鉴作用。

第一节 国外普通高中教育发展趋势

一、国外高中课程改革的整体趋势

国外高中课程改革的主要趋势是强调学生的整体发展。无论是课程设置还是教材内容编排，都以学生的整体发展作为出发点和归宿。

各国的高中课程改革明显突出了对学生个性差异的重视。

首先，反映在选修课的课时已占整个课程结构的相当比重；其次，在同一科目中增设不同层次的要求。这两个方面基本上照顾了学生学习能力的差异以及兴趣爱好的需要。除了文化知识与能力的培养和训练之外，各国课程改革都强调了高中生参与社会的意识。教育专家们认为，高中生不能局限于只会"解题目、做文章"，更应该了解社会，懂得生活。例如，澳大利亚的高中课程中开设了"社会文化和公民教育课程"，要求学生作为将来的公民要懂得如何有效参与社会生活，了解国家政策，建立信仰和理想。再如，美国有许多学校开设的家庭经济、心理咨询以及职业指导等课程，对学生今后的社会体现、心理健康及毕业分流具有较强的导向作用。课程设置如何充分考虑学生的个性发展，已成为当今世界各国高中课程改革的一大特色。如芬兰的"不分年级制"教学模式。芬兰自1987年开始在全国多所普通高中实验"不分年级制"教学模式，并于1994年开始在全国推行。这种新的教学模式带来了高中整个课程体系、课程设置、课程结构和内容的巨大变化，突出了学生的选择性和个性化。这些国家课程的设置和实施方式对我国高中课程改革实验具有积极的借鉴意义。

二、国外高中教育体制改革趋势

从西方国家高中教育改革的历程来看，教育体制的改革是推动高中教育改革的核心。普通教育和职业教育的一体化或统合化已成为主要趋势。高中作为大学预科，曾承担着升学和就业的双重任务，因此各国都强调职业教育与普通教育的结合。然而，在实现统合化的过程中，各国根据自身实际情况采取了不同的做法，使得这两者的结合方式既有共性也有差异。

澳大利亚教育界认为，高中教育的一个重要目标就是培养学生做好就业的准备。但是，多年来，一方面青年人因为在完成义务教育后缺乏就业技能，只得重返学校读书；另一方面是雇主雇不到理想的劳动力。这种现状被认为是中学毕业生没有掌握基本的就业知识和技能而无法获得就业机会的根本原因。而这种情况在延长在校年限后，并没有得到根本的改变，因为中学办学方向仍然是面向少数愿意上大学的拔尖学生，而没有面向全体学生。因此，无论是1957年的以 H. S. 温德姆先生为首撰写的《温德姆报告》，还是1977年公布的《塔斯马尼亚州中等教育报告》，都特别强调教育不单单是为未来生活做准备，也要为眼前的生活做准备，认为这也是杜威特别强调的原则；并且都认为中学应当实施综合性教育，面向所有人接受教育的需要，不应该单纯实施职业教育或普通教育，而应该在普通教育范围内，广泛的为学生将来就业做充分的准备。

在教育改革中，我们积极推动普通教育与职业技术教育的融合进程。在保障普通教育质量的同时，我们向学生提供广泛的职业技术教育内容。例如，我们开设了速写和打字等课程，并引入了木工、金工、技术制图、农业和畜牧业等领域的知识和技术课程，旨在培养学生掌握各行业所需的基本技能。此外，我们还赋予学校更多的课程设置权，使课程更加灵活多样，以满足个人和社会的不同需求。为了实现这一目标，我们重新设计了课程结构，学校开设了统一课程和校内课程，并将若干具有职业技术倾向的课程纳入课程计划中。同时，我们加强了选课、升学和就业指导等方面的指导力度。

瑞典的高中教育具有两个显著特点：一是教育的综合化，二是教育的专业化。综合化体现在两个方面。首先，全瑞典的高中教育现在只有一种，不再存在许多国家现有的职业高中、普通高中或其他级别的高中的区别。其次，高中的现行专业设置和学业要求均由国家统一规定，每所高中都必须严格遵守执行。

另一方面，瑞典的高中教育也呈现出明显的专业化特点。这意味着瑞典的高中教育必须根据国家的要求，按照不同的专业领域进行分类教学。学生可以根据个人兴趣和职业规划选择相应的专业，为未来的职业生涯做好充分准备。这种教育模式旨在为学生提供全面、深入的专业知识，培养他们在特定领域的专业技能和综合素质。

瑞典教育法规定，瑞典高中教育有两大目标：使学生在义务教育的基础上得到个人发展，帮助他们进入成人社会；使学生接受高等教育，为从事职业、做合格公民做充分的准备。教育民主化和社会民主化的潮流使高中消除原来各类高中课程之间的差别，使各种课程具有同等的价值，进而促进国民之间的平等。基于经济发展的预测与判断，组建综合性高中，在教育中使理论与实践更好地相结合，充分利用教学资源，使学生对于社会不同的职业能够持同等价值观念，向学生提供既能适应继续升学，又能适应就业的教育。新建的综合高中在发展中逐渐形成了自己的特色：一是就业教育与升学教育相结合。综合高中设置六大类的专业学习计划：语言、社会科学和艺术；看护、社会服务和消费教育；经济、商业和办公室工作；工业、贸易和工艺；技术和自然科学；农业、林业和畜牧业。这些专业学习计划中的每一部分都具有升大学和就业的双重特色。二是职业教育与普通教育相结合。就业教育与升学教育相结合是从高中学生的毕业去向出发的，而职业教育与普通教育相结合则是从教学内容出发的。当然，两者有着密不可分的联系，如果综合高中不能兼顾升学和就业，也就不必兼施普通教育和职业教育；而不兼施普通教育和职业教育，兼顾就业和升学就成了空谈。三是规范性和灵活性相结合。所谓规范性是指瑞典综合高中的教学内容、专业或课程设置、学业要求都有国家严格的统一规定；所谓灵活性是指瑞典综合高中的教学管理制度富于弹性，充分尊重学生的学习自主权。比如，在瑞典综合高中有着职业性和学术性的课程划分，也要求学生在初中毕业后报考高中时就要明确学习什么课程或什么专业，但如果学习二年制职业科的学生又想转换到三年制或四年制的学术科，则可补学1学年的课程转换到学术科。可见，瑞典综合高中的职业科和学术科没有不能逾越的障碍，也没有"一锤定音"的课程学习，这可以看作灵活性的一例。

美国的高中体现综合化的特点，综合中学成为当今美国中学的主流模式。它兼顾普通教育和职业教育，开设了很多职业或技术方面的选修课，由学生自主建构知识结构和能力模式。这样自然创设了精英学术流、职业技术流以及普通学历流的教育环境导向。综合中学一般有3个培养方向：学术科，目标是为大学培养合格的新生；普通科和职业科，目标是让学生掌握必备的文明素养和职业素质，做社会良好的合格的公民。

为了解决美国综合中学的问题，许多美国学者相继提出重建美国高中教育的建议，主要包括以下五点：取消高中的分轨制，因为现代生活要求所有的学生既要有高水平的学术知识，也要有高水平的技术技能；向所有学生提出更高、更严格的要求，所有学生都有学习扎实的学术核心科目，每名学生都掌握可终身受益的就业和学习能力；需要有使学生积极主动参与学习的方式方法，学生应有机会扩充与应用所学的知识，而不仅仅是记住课本中的内容；需要学生去了解各种职业的状况，实事求是地设置未来的职业目标和制订达到目标的计划；将高中教育与社区教育连接起来。

三、国外高中教学管理（学分制）改革趋势

目前，世界上许多国家，如美国、德国、英国、法国、加拿大、日本和韩国等国的高中教育普遍采用学分制评价模式，并且各具特色。将学分制作为评价学生是否达到毕业合格水平的基本方式，即只要学生获得足够的学分，就能够申请并得到高中毕业学历证明。

（一）统一规定学分的量值、框架和要求

根据其他国家的实践经验，我们可以看到，尽管不同国家在学分制度上存在差异，但都由教育权威或主管部门统一规定学分的价值和框架，并明确规定普通高中毕业生所需的最低要求，这是成功实施学分制管理的首要条件。我国的新课程改革方案对普通高中课程结构进行了划分，包括学习领域、科目和模块三个层次，并为每个科目制定了相应的国家课程标准。同时，规定了一定的学分范围，并对高中毕业的要求做出了学分限制。这些举措为我国全面实施学分制度管理提供了坚实的平台。

（二）学分制是课程管理制度的一部分

在美国、日本等国家的高中教育中，学分制并不是一种独立的课程和教学管理制度，而是与选课制度密切相关，并与考试评价制度有关的管理制度。要实施学分制，首先需要有丰富的选修课程作为基础，并且需要以量化的方式对学生的学习过程和学习结果进行统一管理。如果没有充足的选修课供学生选择，学分制就失去了其存在的

意义。我国新的课程方案为学校提供了学分的管理空间，这为学校开设选修课程和校本课程提供了可能性。这一方案使得学校能够根据学生的兴趣和需求开设多样化的选修课程，丰富学生的学习体验，促进个性化发展。同时，学分制也能更好地评价学生的学习成果和努力程度，为学生提供有针对性的学业指导和发展方向。这种学分制的实施有助于提高学生的学习积极性和主动性，促进综合素质的全面发展。

（三）采用走班制管理

在美国、日本等国家的高中教育中，采用走班制管理是一种常见做法，旨在提高学校资源的利用效率，并有效解决人力和物质资源有限的问题。走班制是指根据学科将教室划分开来，学生在课间根据课程前往相应的教室上课。通常，每位教师在固定的教室进行教学，上课时间也是固定的。如果每位教师只负责一门同年级、同水平的课程，那么他一天所讲授的课程内容将是相同的。这样，选修这门课的学生就可以在多个时间段中进行选择，以避免与其它需要学习的科目发生时间上的冲突。

在实施走班制时，并不一定要取消班级制度或年级制度。考虑到我国的实际情况，在初步实行学分制管理时，我们可以按年级将学生分班，形成自然班或行政班。当学生进行选课后，再根据选课人员形成教学班。这样，学生既可以根据自己的兴趣和需求跨班听课，满足多样化的课程需求，同时还可以通过自然班或行政班进行选课指导和学生管理，以确保新课程的顺利实施。

四、国外高中教育培养目标的改革趋势

面对当今与未来信息化社会的特点，社会需要创造型、开拓型人才，要求具备宽厚的基础知识，又要有一定的高新技术水平，为此世界各国高中在培养目标方面出现了注重个性发展与全面发展的关系，强调学生创造精神培养的改革趋势。

日本在1987年公布的高中学习指导纲要中强调，高中教育既要打好将来作为国家和社会创业者必须具备的素质基础，又要针对每个学生的个性进行多样化的教育。

德国高中的培养目标体现了基础教育原则、升学预备教育原则、个别化教育原则及范例性教育原则。高中教育的培养目标，一方面根据社会发展的需要，另一方面保证完成中学为大学修业做准备的基本职能，解决了基础教育和个人兴趣之间的关系。

美国高中的培养目标更是体现了学生个性发展的方向。学生的课程和学习因人而异，教育目的和对学生的思想教育也体现了个人发展的要求，使学生在学习上各取所

需，学生个性得到充分发展。这样既能培养出一些突出的优秀人才，又能使其他学生学以致用，适应社会的要求。但由于美国学生学业基础差，近年来在州一级高中的培养目标中出现了相对集中统一加强基础教育的改革趋势。

法国在1983年提出的研究报告中建议，要调整高中的教学内容，使学生的基础知识和其他学科的内容有机结合起来，使学生获得完整的知识，增加实践和动手操作的条件，并充实选修科目，为学生的发展和选择出路做准备。

新成立的世界全民教育联合会（WCEA）的发言人沙伦·皮克特说，应该把比较其他国家教育制度的发展教育作为一个全球性的课题。美国一位教育专家在比较美、日、德三国学校教育后深有感触地说：什么能使学校成功？回答是并不一定要往学校投入大量金钱。德国和日本培养每个学生所花费的钱比美国约低50%，然而其教育质量一直名列前茅。原因是美国倾向于把较多的钱花在建筑和管理上，而德国和日本则把较多的钱用在教师的工资上。目前，越来越多的国家正在物色好的教育改革经验以促进本国教育改革的成效。1987年欧洲共同体开始一个称为"依拉斯谟（Erasmus）"的计划。该计划鼓励中学生到其他欧洲共同体国家学习，以促进国际间的了解。日本从1988年起正式实行高中生留学制度，目前已与国外高中结成姊妹校的多达325所。亚洲国家的国际间学习交流的热情更为明显，如新加坡派遣教育专家去美国和英国的名牌学校，专门考察如何开设更多的更有创造性的课程以及如何建立科学的评估体系；韩国最近在分析日本、瑞典、法国、英国、西班牙、以色列和美国等各具特色的学校教育制度后，由国家教育发展研究所负责制订一套准备在1995年推广使用的新教育课程计划。

第二节 国外高中办学模式改革发展趋势

进入20世纪90年代以来，世界各国尤其是发达国家对高中教育模式进行了重大的改革，其主要特点是：高中阶段的普通教育和职业教育相互渗透沟通，在普通高中教育内部，对其培养目标和任务进行了适当的调整，一方面承担起升学和就业的双重任务，另一方面在培养目标上，既重视学生基本素质的提高，又注重发展学生的个性和创新精神。

英国《1988年教育改革法》对高中阶段教育，增设了大量自然科学课程和技术性、职业性课程，使英国的高中阶段教育改变了以往大学预备教育的性质，具有升学与就业教育的特征。

德国已将升学与就业的双重任务赋予完全中学高级阶段（相当我国普通高中），保证了完全中学为大学修业做准备和升学预备教育的基本职能，同时，兼顾了学生共同的基础教育与个人兴趣。

法国也将普通教育与职业教育结合起来，为学生今后选择升学或就业作好准备，为此不断充实选修科目，让学生不仅能受到普通教育，而且能同时受到职业教育。

目前美国实施中等教育的主渠道是25000所的综合中学，它担负着升学与就业教育的双重任务，具有三种基本职能：让所有学生接受普通教育；让大多数学生接受职业技术教育；让一部分学生作升入大学的准备。美国还在研究缩小普通教育与职业教育之间的距离，促使两者相互渗透并朝综合化方向发展等问题。

韩国高中阶段教育分为人文高中（普通高中）、实业高中（职业技术高中）、综合高中和特色高中四类，其中综合高中是近年发展起来的兼学普通高中课程和职业技术教育课程的学校，是普职渗透的一种尝试。韩国的特色高中办学模式很受学生的欢迎，学校的办学自主权很大，可以根据学生的兴趣、爱好举办不同特色的高中，如以科学为特色的高中，还有以英语为特色的高中。

芬兰政府实施普通教育与职业教育一体化政策，规定普通高中年限为三年，第一学年学习普通教育课程，第二学年后分流，或者留在普通高中继续学习，或者进入职业学校或专科学校学习。高等院校对所有高中阶段的毕业生则一视同仁。

综观20世纪90年代，世界许多国家高中阶段教育的改革，可以看出普通高中办学模式、办学性质的共同趋势是：适应社会经济发展对人力资源开发的需要，承认学生的差异，让学生发展各自的聪明才智，建立多样化的高中发展模式。

如同经济发展必须接受市场调节机制一样，高中办学模式也必然受到市场经济规律的制约。只有学校造就的学生得到社会的认同和接受，学校的价值方能体现。世界各国对过去那种单纯把高中作为高等学校预备班的做法都有不同程度的变化。目前，国外高中的办学模式根据培养目标来划分可以分为四大类：

第一类是以升学为目标的普通高中，如英国的公学、德国的文法中学、新加坡的特选学校，以及其他国家称为精英学校、天才学校、重点中学等。这类高中以学术性课程为主，兼学一些象征性的职业技术课程。

第二类是以就业为目标的职业高中。如香港的先修职业中学、英国的城市技术学校等，这类高中也学习学术性课程，但课时相对少些，内容要求较低。

第三类是兼顾升学和就业的综合性高中。这类高中同时兼顾文化基础知识，学术性升学知识和职业技术知识，便于学生从中选择自己的最佳发展。美国的公立中学中，约有80%以上都是综合中学。瑞典从七十年代起，也把普高和职高结合在一起改建成综合高中。德国的双重文凭中学也近似这类性质。第四类是一些专门性较强的特殊高中。这类高中不但要学好一般文化基础知识和学术性较强的课程，而且还要学习相当于大学预科的较高层次的专门知识。如韩国的"科技高中"，学生的自然科学、计算机的理论、实验的难度和所耗课时都比一般高中多得多。这类学校在发达国家中深受青睐。

从中我们可以看到，随着高中的普及率日趋增长，许多国家已经达到90%以上，升学问题的矛盾也渐渐缓和，在一些国家中，进名牌大学的竞争是激烈的，而进一般的社区院校则是视高中毕业生的意愿而定。因此，人们充分认识到，把普通高中办成以升学为唯一目标的、学习高难度学术性课程为目的的传统模式，势必造成教育资源的浪费和辍学现象的增加，不利于多种人才的培养。人们期望通过改造原有的中学结构创立新的高中模式，使教育与劳动、理论与实践、升学与就业有机地结合在一起。如日本正在创建的"综合选择制高中"，在同一校园内设置两所以上的高中，各所学校都有自己不同的特色，学校的设施、设备可以共同利用，教师可以相互交流，学生可以根据自己的需要选择科目，学分可以互换。德国的双重文凭中学从1977年开始实验，仅用了短短十年时间，实验高中的学生从220名发展到5.75万多名。

第三节 我国普通高中办学模式改革的背景

一、国家发展普通高中教育的战略已从规模扩张转向提高质量

高中阶段教育曾是制约我国教育发展的瓶颈。党的十六大明确提出普及高中阶段教育是我国建设全面小康社会的目标之一。此后各地采取有效措施，大力普及高中阶段教育，并取得显著成绩。高中阶段毛入学率已从2006年的59.2%提高到2011年的95.6%。但是从总体上看，普通高中自2003年以来规模发展减缓，2006年则出现了负增长。其原因是多方面的，而国家大力发展中等职业教育，促进高中阶段普职招生均衡发展相关政策的实施是最主要的原因。2005年5月28日，教育部在《关于加快发

展中等职业教育的意见》中明确提出：普通高中教育总体上要把握发展节奏、控制发展规模，把工作重心放到提高质量上。就辽宁的情况看，目前普通高中的规模扩张任务已经基本完成。未来若干年内，无须再大规模建设新校，现有资源基本能够满足普通高中发展的需要。今后普通高中的工作重点将是推进学校内涵发展，确保教育质量的大幅度提高。

二、高等教育大众化进程对高中阶段教育提出了更高的要求

高中阶段教育特别是普通高中教育的发展水平，对高等教育的质量提高有重大影响。1999年以来的高等教育扩招，使中国高等教育在很短的时间内实施了大众化，但由于准备不足，带来的负面影响也是很大的。最明显的表现是高等教育质量的下降。质量下降的原因也是多方面的，但是，普通高中生源质量下降是高等教育质量下降的重要原因之一。尽管人们试图用多样化的质量标准来解释大众化高等教育质量问题，但高等教育总体质量下降是不争的事实，并且已经影响了我国高等教育的可持续发展。建设创新型国家，提高核心竞争力，必须提高全体人民的素质，而要做到这一点，必须提高高等教育的质量。高等教育的战略重点从规模扩张转向质量提高，提高高等教育质量的责任不仅在高等院校，基础教育特别是普通高中教育也是责无旁贷的。普通高中作为高中阶段教育的重要组成部分，其办学质量、发展水平是国家形成雄厚人才资源基础的重要标志。普通高中的生源质量在很大程度上影响着高等教育的质量。所以，在高等教育大众化进程中，必须进一步提高普通高中的质量，以适应高等教育质量全面提升的需要。

三、社会对普通高中教育、特别是优质高中教育的需求持续增长

教育改变人生。高等教育大众化拉动了社会对高中阶段教育的需求。虽然从2006年起高等教育扩招减缓，但是要实现预定的高等教育规模目标，招生数量仍将很大。因此，社会对普通高中的需求仍会持续增长。由于实行扩招，有更多的人能够接受高等教育，但是，教育需求与可能之间的矛盾仍未得到根本解决。由于受多方面因素影响，社会在接纳大学生就业时，更多地看学校知名度，看学历层次，导致大学生就业难度加大。与此紧密相连的是社会对优质普通高中资源的需求异常强烈。因为进入优质高中的学生，能够受到更好的教育，在高考时有更多优势，能够进入高水平大学，

就业将更有竞争力。结果传统的重点高中近年来不断扩大规模，并采取合作办学等形式来扩张资源，以求发挥优质资源的效益。这对一般普通高中是一个很大的冲击，对优质高中自身的可持续发展也带来很大挑战。在这样的背景下，普通高中该如何发展？作为独立的基础教育阶段还是成为高考的附庸？普通高中的目标如何定位，如何确保优质普通高中资源有序扩张，以更好地满足社会的需求，如何更好地发挥示范性高中的作用，如何创新普通高中办学模式和管理等是亟待研究解决的问题。

四、普通高中新课程的实施对普通高中教育带来了新的挑战

普通高中课程改革是我国基础教育课程改革的重要组成部分。教育部从 2004 年起已在广东、山东、海南、宁夏等地开始普通高中新课程实验。2007 年原则上全国普通高中全部实施新课程。与以前的普通高中课程相比，新的普通高中课程的突出变化是：在保证共同基础的前提下，各学科分层次、分类别设计了多样的、可供不同发展潜能的学生选择的课程内容。为了保证新课程的有效实施，新课程方案实行学分管理。同时，实行学生学业成绩与成长记录相结合的综合评价方式。新的课程对普通高中的性质及培养目标、课程结构、课程内容、课程实施和课程管理等方面提出了明确要求。新课程的实施不仅是一次课程本身的改革，它对整个普通高中的发展都将产生重大的影响。特别是对普通高中的管理带来深刻的影响。新课程的实施将对普通高中的教育教学管理带来一系列挑战。只有认真应对这些挑战，采取有效措施，才能使课程改革顺利实施，并带动整个普通高中的全面发展。

第四节　普通高中办学模式改革的意义

目前，随着高中教育的发展，知识经济社会的来临，终身教育观念的流行，人们对普通高中性质和任务提出了新的要求，因此实施普通高中办学模式改革具有重要的意义。

一、普通高中办学模式改革利于推动普通高中发展

普通高中阶段发展模式改革涉及教育思想观念的创新、办学体制的创新、办学模式的创新、教育教学管理的创新等方面。通过这些创新，可以树立起新的符合高中阶

段教育发展的教育理念，从而用新的眼光来审视高中阶段教育的发展，进一步拓展高中阶段教育发展的思路，开辟高中阶段教育发展新途径。如大力发展民办学校，广泛吸引社会资金，组建教育集团，优化教育资源配置；改革培养方式，满足学生选择教育的需求；加强国际交流合作，实现合作办学等。通过拓宽办学思路，扩大高中阶段教育资源的存量，提高高中阶段教育资源的增量，从而推动普通高中的发展。

二、普通高中办学模式改革利于提高整体国民素质

人的素质对经济和社会的发展具有重要的促进作用。高中阶段教育主要承担为就业服务和升学服务两大任务。从为就业服务的角度来看，一部分学生高中阶段毕业后，将直接参加社会生产，他们的素质水平将影响到对技术的掌握和运用，影响劳动生产效率和生产质量。从这个意义上讲，高中阶段教育必须大力提高新增劳动者的综合素质。从为升学服务的角度上看，高中阶段毕业生的素质水平，直接影响到其在大学阶段的学习和提高，进而影响整个高等教育的质量，影响到我国未来高素质人才素质的提高。从这个意义上讲，高中阶段教育必须为学生素质的可持续发展奠定良好的基础。进行普通高中发展模式改革，探索适合学生多样化个性发展需要的培养模式、课程体系和教育方法等，增加课程的多样性和选择性，为每一个学生提供适合的教育，满足不同潜质学生的发展需要，为其一生的发展和幸福奠基。

三、普通高中办学模式改革利于解决优质高中教育资源不足问题

高等教育大众化拉动了社会对高中阶段教育的需求，特别是对优质普通高中资源的需求异常强烈。解决优质教育资源不足的问题是一项非常复杂的系统工程。解决这一问题的方式方法是多种多样的，普通高中办学模式改革就是解决这一问题的有效办法之一。一要通过特色普通高中的建设，满足不同学生个性发展的需求，增加优质教育资源；二要通过"名校+民校""名校+弱校""名校+新校"等方式组建教育集团，城乡联合、中外联合，扩充优质高中教育资源，最大限度地提高优质教育资源的利用率；三要通过走内涵式发展的道路，加强内部管理创新，建立激励机制，激发广大教师的积极性，进行教育教学改革，提高教育教学质量，提高学校声誉，从而跨进强校行列，形成良性发展的态势。

四、普通高中办学模式改革利于促进高中阶段教育协调发展

先进教育发展经验表明，高中阶段普通高中与职业教育要保持协调发展。实施普通高中办学模式改革可以在一定层面上促进高中阶段教育的协调发展。一是鼓励优质普通高中通过联合、合并等方式实现规模化和集团化发展，扩大优质高中覆盖面。这既有利于整合优化教育资源，推进基础教育优质均衡发展，又有利于充分调动更多学校和社会各界办学的积极性、主动性和创造性，有效激发学校的办学活力；既有利于加快推进办学体制改革，提高中小学的整体办学效益和水平；又有利于满足更多人"上好学"的内在需求，实现优质教育普及化目标。二是尝试举办综合高中，探索普通教育和职业教育融通的多元化途径。综合高中可同时设置普通教育类课程和职业教育类课程，学生根据自身兴趣爱好和成长发展等实际情况，自由选择普通教育类课程和职业教育类课程，真正实现升学有基础、就业有出路。三是通过发展模式创新，如深入推进普通高中课程改革，鼓励普通高中加强课程设置和课程内容的多样化，积极开设丰富多彩的选修课程，适当增加职业教育的教学内容，培养和引导学生自主选择热情，丰富学生的知识结构，满足不同潜质学生的个性发展需要。四是探索建立高等学校与特色高中联合育人机制，支持高中与高校开展包括师资培训、实验室与课堂开放、开设特色课程等多种形式的合作办学，加大高校自主招生力度，使确有天赋和特别才能的学生得到专门训练和特殊培养，充分体验到个性化发展的成长乐趣。

总之，通过普通高中办学模式改革，可以营造有利于高中阶段教育发展的内外部环境，创造有利于高中阶段教育发展的各种条件，促进高中阶段教育健康、协调、持续地发展。

第三章　乡村振兴背景下县域普通高中建构新的课程框架

第一节　课程框架的重构

学校课程的整体构建是一项系统性的任务，需要从多个维度进行考虑和规划。我们要以培养学生为核心，从学生作为学习主体、学习内容以及学习时间和空间等方面，进行全面规划，以确保课程体系的系统性和连贯性。在规划过程中，我们以育人目标为统领，通过整体规划来保证课程的有机组织关系。同时，我们以核心素养为导向，进行学科整合，确保课程内容符合学生的认知规律，并有助于培养学生的综合素质。

在实施过程中，我们采取多元选择的方式，为学生提供更多的学习选择和路径。我们所构建的课程体系不仅基于学校的育人目标，更重要的是符合学生的成长需求，遵循学科的认知规律，并适应社会的发展需求。我们致力于创新并探索与本地中学实际相符的课程构建路径。这样的课程体系将有助于提升学生的学习效果，促进学生的全面发展，并为他们未来的发展奠定坚实基础。

一、"绿道模型"的含义

近几年，一些中学虽然开发了多个如志愿服务性特色选修课程、乡村服务站系列课程等特色鲜明的课程群落，但因原有的课程体系与其"培养具有优秀品性和时代精神的优秀新人"育人目标不能高度吻合，校本课程体系缺少明确的逻辑主线，导致课程之间缺乏必要、显著的联系，碎片化倾向越来越明显。于是，学校努力探寻课程体系重构和实施的新路径，以改善课程品质和促进课程持续发展。通过一系列整合、排列的方式，实现校本课程体系各组成部分的有序分布和有序运行，形成县域中学特色的课程体系结构图——绿道模型。

"绿道模型"是与县域中学地域特色契合的课程体系构建后的结构形态与理念核

心。品德、智力、能力三个方面的课程体系目标似"山",旨在使学生的知识体系得以充实,在精神层面获得愉悦。清晰明确的课程理念似"路",变单纯的知识传授为教学、活动相结合,使学生在实践中获得提升,与生态教育的理念一致,让学生得到可持续发展。立德、明智、进业三大类课程似"水",是课程体系构成的基础,与"优秀品性"高度吻合,是对"严实"内涵的继承与发展。绿道模型是对学校课程体系构建的顶层设计。

二、"绿道模型"课程框架的确立历程

(一)"六维分类"的校本课程构思

在实践过程中,县域中学探索了课程建构的"六维分类"方法,这是在先前课程主线研究的基础上,按照课程横向的基本思路,对现有的课程从生本德育课程、系列乡土文化课程、生活延伸拓展课程、个性兴趣特长课程、特色实践能力课程、地方职业技能课程六个维度进行归类整理。其意图是有助于在课程体系构建中对各课程深入分析研究,使课程体系构建的思路更明晰。"六维分类"结果的形成经历了明确分类标准、上报课程分类、反馈分类结果三个步骤。

分类标准的明确是由课题组、课程负责部门等制定,分类的标准在原则上遵循先前课程体系主线研究的成果,符合课程横向的基本思路。标准形成后,将分类标准告知每一课程的负责人,由他们上报课程分类的归属结果至课程负责部门。在上报的结果汇总之后,对部分存在异议的课程标注以便召集相关教师做进一步认定,直至所有课程分类工作完成,将形成的分类结果对外公布。

按照先前课程主线研究的结果,这些课程可被归入六类。以此为基础,学校出台了县域中学的课程分类标准,现摘录要点如下。

1. 此课程标准侧重于从任务类型角度进行划分。
2. 县域中学课程分为六大类别。(具体类别略)
3. 具有地方特色的实践课程优先选择归入"地方职业技能课程"。
4. 每一课程只能选择一个类别,实在难以选择的可先多选并标注。
5. 课程的最终归类将是课程负责部门审核并与教师本人商议协调后最终确定。
6. 生本德育课程不在此次教师分类选择中。

(二)"一轴三级六类（136）"严实教育课程体系

在"六维分类"的基础上，县域中学在课程建设过程中十分强调两个切入口，即探究明确各类课程的关注点以及积极寻找、建立与学校育人目标和理念的契合点。其意图是传承学校长期以来的优良传统，落实正确的教学理念，贯彻合理的育人目标，使课程的开发建设有序、有效地进行。探究关注点是探究明确各类课程的关注点，即课程目标中的关键点，由课题组成员和课程开发指导部门对各课程目标进行研究，提取关键点。

经过一个阶段的整理、提取，县域中学六大类课程的关注点得到明确：

生本德育课程关注"培养学生德行、修养"；系列乡土文化课程关注"提升学生本地传统文化素养"；生活延伸拓展课程关注"使学生在生活细微中建立与学科知识的联系"；个性兴趣特长课程关注"激发学生兴趣、培养特长"；特色实践能力课程关注"提高学生服务性学习的能力"；地方职业技能课程关注"培养学生具有地方特色的实际应用及操作能力"。

寻找契合点是深入研究学校育人目标和教学理念并提取关键词，在已明确各类课程关注点的基础上，努力建立起两者之间相吻合的着力点，使课程体系中各课程的组合更明晰。

2015年，县域中学修订了课程方案，其中包含以下内容："转变育人模式，彰显办学特色，本着'以人为本'的办学理念，传承严实，校风，发扬'务本求实、创新求真'的精神"。以此为基础，学校持续深化"严以修身，实于做事"的严实教育；将"培育'优良品性，时代精神'的优秀新人"列为办学目标之一。其中的"优秀品性"包含三个方面：崇文好学，重义尚礼，敬业务实。在契合点的探究中，我们努力寻找突破口：生活延伸拓展课程中的关注点在于"使学生在生活细微中建立与学科知识的联系"，它和优秀品性中的"崇文好学"相契合，也体现了"严实"内涵中的"实于做事"。以此为契机，寻求各个击破。

县域中学结合"严实"的校训，构建了"136"严实课程体系并重点打造"读史明德""养心立德""修行弘德""立志进业""笃学创业""睿思精业"六大类课程群

基础性必修课程、拓展性选修课程与探究性选修课程构成学校课程体系。各学科在该体系下建立与分类分层教学相适应的课程系统；学校在该体系下根据办学需要，整合和建构各学科课程系统，建立六大类课程群。基础性必修课程是依据八大学习领

域的基本要求，由语文、英语、数学、政治、历史、地理、物理、化学、生物、信息技术、通用技术、体育、心理健康、音乐、美术及综合实践等科目根据分类分层教学需要整合而成的课程群。该类课程面向全体学生，突出课程结构的基础性，强调培养学生的公民素养、人文与科学素养，培养基础学习素养和基础学科学习能力。

拓展性选修课程是基础性必修课程的拓展、发展和提升，包括知识拓展类课程、职业技能类课程、社会实践类课程和兴趣特长类课程，供学生自主选择，以加深学生对基础性必修课程学习的实践意蕴的体验。

探究性选修课程突出知识深化、实践操作、创新发展，也包括知识拓展类课程、职业技能类课程、社会实践类课程和兴趣特长类课程，主要面向部分有特殊需求的学生，突出课程内容与课程学习的专业性、实践性和前沿性，培养学生的社会责任感、创新精神和实践能力。

打造六大类课程群：读史明德、养心立德、修行弘德、立志进业、笃学创业、睿思精业。其中，"读史明德"侧重以中外历史、百年校史悟人生之道，明做人之德；"养心立德"以心理教育为中心，丰富校园文化、加强社团建设，形成系列活动课程，涵养心性，树立品德；"修行弘德"通过自持修养和志愿服务，使德深入人心，发扬光大；"立志进业"旨在加强理想信念教育和个人的人生规划；"笃学创业"根植于建德历史经济，富有种植特色，并为学生提供实践基地，激发学生内驱力；"睿思精业"以知识拓展类为主，国家课程二次开发，分类分层而设，为学生提供丰富的选课资源。

着力培育"当地文化和志愿服务"两大特色课程群，学校整合资源，组织力量挖掘五千年吴越文明和百余年教育积淀，开发了当地文化课程群；依托特色学校——培养德才兼备的社会服务志愿者，学校开发了志愿服务课程群，培育兼具"优秀品性，时代精神"的优秀新人。

（三）"绿道模型"课程体系的形成

为了使课程建设更具科学性和合目的性，在课程开发的后期，学校创造性地推出"课程清单"这一环节，即借助一个细致明晰的课程清单，呈现各类课程的基本内容，包含课程的关注点、对学生的培养目标、与学校育人目标理念的契合点等。其意图是于学校内部就课程建设方面，在教师群体中形成相对广泛的认知，用课程清单使课程开发教师与实施教师能树立相对统一的课程观念，为课程体系的完成最终构建迈出关键一步。

课程清单的制作是对课程分类的成果与要点探寻的成果进行整合，它由课题组和课程开发指导部门共同研究完成，在最终成果的展现中，适当整合了先前"重理主线"研究的相关成果内容。

得益于每一位教师的积极配合，且基于前期做得大量的准备工作，数据内容的整合工作进行得十分顺利。在这期间，部分青年教师发挥了主力先锋的作用，其中参加工作不满3年的两位体育老师表现尤其突出，如毛老师在工作第二年就积极开发了与皮划艇运动相关的体育类选修课程，在做好课程开发与实施工作的同时，也帮助课题组完成了一些数据录入工作。经过全体人员的齐心付出，相关数据内容实现了完善。

以原有课程体系为蓝本，在分析利弊后，集合最优思维，通过整合、排列等措施使课程体系成为有机统一、序列分布的整体。其意图是实现课程体系内部的科学布局，针对当前构建的"一轴三级六类"严实教育课程体系中存在各分类课程之间互有交叉与重叠，且各课程的指向不够明确的问题，使每一个课程不再孤立，形成逻辑关系。

课程体系构建的工作获得广大教师的支持，构建初步完成的基于"严实"内涵的校本课程体系。第一天在校园网公示，就收到了10多位教师的反馈意见，为课程体系的完善带来很大帮助。

基于"严实"内涵的校本课程体系结构在此过程中，我们始终坚持："严实"内涵是课程体系构建中不可忽略的生命线，"优秀品性"是县域中学育人目标中的重要内容，而"时代精神"（阳光自信，谋事自觉，担当自立）和当前生态教育"立足学生，着眼学生持续发展"的理念是高度一致的。

经过融合提取，县域中学课程被归为"立德课程""明智课程""进业课程"三类。在分析县域中学的地域特色时，"古老当地文化""旖旎三江风光""最美三江两岸绿道"等关键词，首先浮现在大家的脑海中。经课程专家点拨，也经所有参与人员一致认可，"绿道"于三者中成功突围。我们认为，首先，"绿道"本身具备的特质与课程发展理念一致，即体现了美好、自然发展、可持续等特质；其次，"绿道"本身由山、水、路三部分构成，正体现了县域中学课程体系的构建路径。

构建成型是完成课程体系构建的最后步骤，是形成一个系统、完整、有序的课程体系结构图，并于其中列举主要课程及其课程基本理念。其意图是用最直观的方式将学校课程构建的细节结果展现出来，构建成型结果的被认可意味着课程体系构建的完成。

县域中学"绿道"课程体系包括一大批其自身开发构建的特色课程群，其中包括乡村志愿者课程群和新劳动实践课程群。

第二节　乡村志愿者课程群

县域中学依托乡村服务站的运作，探索了志愿者培养指向的特色选修课程群的架构与实施。源于乡村服务站的诉求，以美化乡村、助力"三农"、传播文明等为课程群模组，采取学校与社会协同共建的策略，根据纵横架构的思路，按基础篇、应用篇和服务篇的课程形态结构设计开发本课程群。通过分类设站、导师组合、考评颁证等策略完成课程实施。导师组合制的尝试，积累了大走班教学的实践经验。同时，县域中学也探索了部门联动、师生培养、站点维护等保障策略。通过研究，积淀了乡村志愿者培养的经验，促进了学校特色发展。

一、课程特色

（一）创新了高中特色课程群的架构样式

创新了特色课程群"实践导向"的架构样式：课程的组群是源自乡村志愿服务活动中乡村居民的真实诉求，从"服务和学习"出发，以"知识+技能"横跨组合与以基础篇、应用篇和服务篇纵深推进为策略架构课程群。

（二）创新了高中特色课程群的实施载体

创新了课程实施载体——乡村服务站，它是县域中学美化乡村、助力"三农"、传播文明三大主课程运作的平台，实现了跨班、跨年级、跨区域的"大走班"教学，促成了学习方式的改变，学生从单一的知识中学习转向复合的从服务中学习，践行了"教学做合一"的理论。

（三）创新了高中特色课程群的实施方式

创新了家长和技术人员等参与的"导师组合"课程教学模式，形成了教育合力。导师组合制的实施使教与学的关系悄悄转型，过去单一的教师教导的课堂形式不复存在，凸显学生学习和活动的主体地位，学生扮演着活动策划和教学设计的参与者角色。

二、课程架构

以志愿服务性学习选修课为抓手,对教材进行编排整理和修改,将校园、社会的多种层次特色进行了有机结合,逐渐形成了一个理念先进、结构科学、特色鲜明、提升生命品质的课程群。在市、镇、村、企业等相关部门的大力支持下,经课程专家的多次指导,县域中学师生团队开发了乡村志愿者特色课程群,以"美化乡村、助力'三农'、传播文明"为主题的三大主课程、九个子课程、二十门小课程,课程涉及导游、史料收集开发、新家规家训、五水共治中的科学与服务、庭院设计、特色农业、农民权益、电脑维修、家具维修和公共空间等方面。其中,"五水共治中的科学与服务"和"模拟导游"被评为杭州市普通高中精品选修课程。

三、课程纲要

(一)课程群目标

(1)本课程群立足学生实践,在志愿服务活动中体验助人愉悦,挖掘学习资源,获得服务技能。学生校内外"大走班"上课,在探究、体悟中运用课本知识,获得实践经验,提升学习智慧,促进学生学习能力的培养和个性的发展。实现跨班、跨年级、跨区域的"大走班"教学,促成了学习方式的改变,使学生从单一的知识学习转向复合的从服务中学习,践行了"教学做合一"的理论。

(2)将志愿服务精神培养渗透到课程和各种实践活动中,让关注社会、服务社会的志愿服务种子在学生的心中生根发芽。通过"志愿服务素养 ABC"学习,使学生初步形成志愿服务的相关知识结构,进行如物理、化学、生物、地理等相关学科的拓展性学习。

(3)以特色课程群为载体,依托乡村服务站的运作,提高学生志愿服务的意识和能力,培养一批德才兼备的乡村志愿者。师生们以"乡村志愿者"课程为载体,探索以志愿服务性学习为特色的素质教育之路,形成了"服务他人,提升自我"的校园文化氛围,彰显了"培养德才兼备的社会服务志愿者"的办学特色。

(二)课程群内容

乡村志愿者特色课程群以"美化乡村、助力'三农'、传播文明"为核心模组,以基础课程"志愿服务素养 ABC"为辅助，由三大模块十余门个性课程组成。课程涉及导游、史料收集开发、新家规家训、五水共治中的科学与服务、庭院设计、特色农业、农民权益、电脑维修、家具维修和公共空间等方面。"美化乡村"涉及美学、设计、五水共治中的科学与服务等，强调志愿者帮助村民参与保护水源、村屯美化等行动；"助力'三农'"主要是指在农业特色发展、农产品品牌塑造、产销新途径探索、矛盾冲突协调和农民权益维护等方面为村民提供"私人定制"，涉及农业种植小知识、农业科技信息、电子营销的相关知识和操作、农民基本权利保证等；"传播文明"则要求注重挖掘基站点区农村的特色文化，从社会主义核心价值观出发，通过志愿活动帮助农村形成奉献、友爱、互助的时代新风，涉及当地文化、导游知识、新家规家训等。

四、课程实施

以乡村服务站为平台，以导师组合为策略，实施乡村志愿者课程教学。乡村服务站指县域中学在本市镇村设立的，具备一定专业知识和技能的师生、家长、技术人员协作的，以提升学生志愿服务素养为目标的，以服务当地村民为宗旨的服务基站。县域中学已经建立三大系列、九大主题，共计 65 个乡村服务站，类别有庭院设计类、文明宣传类、权益咨询类、五水共治类、种植服务类、产销服务类等。

导师组合是为满足不同乡村服务站的需要，由具有一定理论知识和实践经验的学生、老师、家长与技术人员等成立导师小组并共同实施该课程教学的创新模式。导师组合制通常采用三种组合方式，即"一生一家长式""一生一师一技术员式""一生一师一家长式"，这样的组合灵活多变，应对突发情况更及时有效，可以达到"1+1+1>3"的效果。导师组合制的实施使教与学的关系悄悄转型，过去单一的教师教导的课堂形式不复存在，更凸显学生和技术员的主体地位，他们成为活动策划和教学设计的主力军。

五、课程评价

（一）学分认定

课程评价是指依据学生在乡村志愿者系列特色课程选修课和学习、实践中的情况给予学生学分。学生完成通识类基础课程"志愿服务素养 ABC"18 课时的学习获学分 1 分；其他服务类个性课程每门课 36 学时，记 2 学分。学生完成"志愿服务素养

ABC"和其他两门课后，可以获得合格志愿者证书。

乡村志愿者特色课程分"服务知识与技能"和"志愿服务活动实践"两个层面评价。

（二）考评颁证

给完成一定的特色选修课程学习和乡村志愿服务活动并通过考评的学生相应学分，同时颁发"志愿服务成果证书"。在完成学校规定的课程学时和志愿服务活动时间的前提下，由学生本人向负责教师提交书面申请。教师对该学生的志愿服务学习情况和活动参与情况做初步审定，并将结果告知学生。初审通过，学生在教师的指导下整理自己的课程学习与活动材料，填写表格，由教师统一交教务处审核备案。教务处、选修课程实施小组完成考评终审，考评过程有笔试和面试两个环节，考核内容有服务相关知识、技能、现场即兴模拟服务等。学校给予考核通过的学生学分，颁发选修课程结业证书和志愿服务合格证书，优秀学生另颁发优秀志愿者荣誉证书。

第三节 新劳动实践课程群

一、课程特色

新劳动实践以"学做互通"为理念，按"做中知"和"做中智"二维目标实施。"做中知"是学生在劳动实践过程中，既获得了对学科方面的体验、了解，同时又在深层次方面获得了对学科的感悟和认知。"做中智"指在做的过程中，学生认识、理解客观事物并运用知识、经验等解决问题的能力，包括想象、思考、判断、推理等，即在劳动过程中知识和技能的应用、在劳动过程中对所学知识的原理和思想的领悟、在劳动过程中将知识转化为智慧。

（一）育人目标

1. 培养学生正确的劳动思想

使学生认识到劳动是日常生活、发展生产、建设祖国、推动社会进步的基本手段，是每一位公民的神圣权利和光荣义务。

2. 培养学生良好的劳动习惯

通过劳动实践，教育学生遵守劳动纪律、爱护劳动工具和珍惜劳动成果，并进一步培养学生团结协作、助人为乐的精神品质。

3. 培养学生崇高的劳动品质

学生在劳动实践中自觉磨炼意志、陶冶情操、体验挫折与成功；增强积极进取、探索创新精神；初步具有质量意识、效率意识、安全意识、环保意识和工匠意识。

4. 培养学生基本的劳动技能

让学生在劳动实践中掌握日常生活技能，包括劳动工具的使用、生活用品的组装与维修等；在劳动实践中掌握一定的服务技能，提升自我与外界的沟通能力。

5. 培养学生创新的劳动能力

在提升学生基本技能的同时，通过参与生产性劳动课程与服务性劳动课程学习之外的智慧性劳动课程的研修，提升他们的创新能力，使学生的劳动教育课程学习内容与其他必修、选修课程的内容有效对接。

（二）教改目标

以劳动教育课程建设为契机，丰富教学内容，渗透生涯规划，拓宽育人路径，创新教育模式，进一步推动教育教学方式改革，促进学校育人方式变革。

二、课程架构

新劳动教育实践紧紧围绕一核—二级—三模—四组—五园的技术路线实施。"一核"，即以实践为核心；"二级"，是将劳动教育实践课程设定为必修和选修两个层级；"三模"，即生活性劳动、生产性劳动、服务性劳动三个模块的实践内容，各模块分必修和选修两个层级实施；"四组"，即生活性劳动、生产性劳动、服务性劳动三大模块内的劳动实践专题，每个模块又分四个组合；"五园"，是劳动教育实践课程的实施平台，即农耕园、果乐园、工艺园、土木园和微创园。

三、课程纲要

在劳动实践目标和专题目标的基础上，课程内容分生活性劳动、生产性劳动、服务性劳动三大类共十二个专题课程。

生活性劳动，特点就是"日常"，日复一日、年复一年，天天做、日日做，经常做、持续做，久而久之形成习惯。生活性劳动是围绕每天的衣食住行而进行的常规性劳动，县域中学针对"日常"这一特点，开设了"我型我塑""食全食美""佐邻佑舍""欢添喜递"四类项目，培养学生的劳动习惯。

生产性劳动指县域中学的新劳动教育中与农业生产、日常生活息息相关的学习与实践项目，主要包括"蓝莓精灵""开心农场""土木工程""水电安装"四个新劳动教育的组成部分，即劳动教育项目。

服务性劳动更多的是公益性质的，从单车维修、校园绿化、五水共治和古镇导游四个层面来架构课程，目的是在服务性劳动中强化学生的社会责任和奉献精神。其教学内容主要包括：校园、社区等定点的自行车安装、维修等志愿服务性劳动；校园绿植的种植、维护、整修等校园公益劳动以及盆景制作等创造性劳动；治污、防洪、排涝等相关的体力劳动以及水质调查、水文监测等服务于五水共治的研究性劳动；古镇导游服务等社会服务性劳动。

四、课程实施

县域中学新劳动教育以"学做互通"为理念，按"做中知"和"做中智"二维目标实施。

（一）实施原则

1. 安全首位

安全是劳动实践开展的底线。劳动过程中，安全隐患时刻存在，因此要建立详实的安全保障制度，每一次劳动实践都要有详细的安全预案，避免一切安全隐患的发生。

2. 实践体验

课程实施必须坚持以实践为导向，课程实施重劳动过程，加大学生实践在整个课程学习中的时间占比，让学生在实践体验中获得知识、成长与愉悦。

3. 全员参与

生活性劳动课程内容作为必修板块，所有同学必须研习和参加相对应的劳动。生产性劳动、服务性劳动作为选修部分，每位同学也必须修完一定的课时才能给予全部的学分。

4. 强度适中

以体力劳动为主的实践体验，劳动必须具有一定强度，但要注意适度，要与高中生的身心发展相匹配，与其应具备的能力相契合。经济生态劳动实践中遵循节约、环保的原则。劳动物质尽可能做到循环利用，劳动产品尽可能得到合理使用，如有可能，将其转化成具有一定经济效益或者作为捐赠品实现其应有的价值。劳动实践注重环保，注意"三废"的科学处理，不造成环境的污染。

（二）实施思路

1. 实施方法

采取"基础知识+实践操作"的实施方法。基础知识采用 PPT、微课、微视频、抖音等形式以学生自习为主，专业教师指导为辅，占总课时数的 20%；实践操作全部安排在实践基地与操作平台劳动和制作，占总课时数的 80%。

2. 实施过程

教师课程开发—教师授课与学生知识学习—学生参与实践劳动（再学习、再劳动的循环往复）—学生实现自我提升—学习结束并总结评价。

3. 学分设定

劳动实践课程设总学分 10 分，其中必修 8 学分，选修 2 学分。高一、高二每学期 2 学分，高三学年 2 学分。

4. 课时安排

每位学生在高一、高二完成必修课时 76，高三完成选修课时 15。

（三）专题实施

按照"生活性劳动、生产性劳动、服务性劳动"三个大类进行分类说明各课程实施的项目内容，包含专题名称、课时、实践地点、负责人（开发者）。

五、课程评价

学生评价以定性评价为主，发挥对学生的激励功能，同时要帮助学生进行自我评价与自我调整。主要从以下几个指标进行评价。

（一）考勤评价

教师对学生的劳动实践课程的知识学习与劳动实践进行考勤记录，并给予"优秀、一般、较差"等评价。

（二）态度评价

教师根据学生在学习过程、劳动过程中的表现进行评价，如态度积极性、参与状况等，可分为"优秀、良好、一般、较差"等形式记录在案，作为学生综合素质评定和学生每学期评优评先的重要依据之一。

（三）成果评价

由教师认定学生学习与劳动成果的评价结果，成绩优异者可将其成果记入学生学籍档案，学校将根据实际情况给予表彰和奖励。

（四）学生学习的最终评定

理论测试占30%，学习成果占30%，平时的学习态度和交流情况占20%，考勤占20%。满分为100分，达到60分即为合格，75分至84分为良好，85分以上为优秀。学分由任课教师评定，由课程管理组认定并公示。

此外，根据不同的劳动项目实施特色化评价，给学生颁发个性化荣誉称号。如蓝精灵、农场天使、头号工匠、超级马里奥、金牌导游、单车维修能手、校园厨神、最美学生、创新达人、治水小行家等。

第四节 课程实施途径

县域中学课程体系的实施以"严实"为指导，以学生为本，注重可持续发展，其实践操作主要从"大小走班、导师组合、考评颁证"三个方面进行。

一、大小走班制：优化课程实施组织形式

"大小走班"是县域中学在课程体系实施中尝试的课堂组织形式，走班按教学内

容的差异划分班级，以学习兴趣为主导，让学生自由选择。走班采用与课程特点相吻合的空间载体，即课程实施的地点及人文、社会环境等，可分为校内、校外两种。其意图在于满足学生自我成长和个人发展的需要，尤其是发展"校际大走班"的课堂组织模式，更有效地确保部分学校特色课程展开，培养学生的实践能力。

（一）专题式"校内小走班"

专题式"校内小走班"是指县域中学针对因选课学生较多无法安排一个班级实施教学的问题而推行的同一门或同一类型选修课按课程内容分专题或主题组织教学的形式。首先，学校公布选修课程单供学生网上自主选课；其次，根据报名情况对超出预计班级人数较多的课程进行分班，根据学生人数和班级数，学校教务处与课程教师协商邀请同学科组一名或数名老师共同实施开课教学，确定任课教师后由任课教师一起协商对课程内容分专题进行分割，并分配各自的教学任务；最后，按照学校统一安排的课时实施课程教学，"小走班"的学生轮流接受不同教师的不同专题的教学。经研究试行后，这种"小走班"形式也可以运用到某些选考科目的教学实施中。

案例3-1：县域中学冯小芳老师开发实施的选修课"跟我品诗"深受学生欢迎。学生自主选课后统计，选择这一选修课程的有80多人，竟多出原计划（一个班30人）近2倍的人数。这给课程实施带来极大的不便，学校和冯老师协商后决定尊重学生的选择，把选课的学生分成3个教学班级，同时邀请同组的潘静老师和贾小龙老师来共同实施本课程。3位老师把冯老师开发的课程按主题分"春花秋月""铁马金戈""生活情趣"三大类，3个班级的学生按主题实施走班教学。选课的学生都轮流完成了不同主题的诗词品读。而不同个性的老师带给学生完全不同的品诗感受：温婉的冯老师带领大家咏"春花秋月何时了"，赏花赏月赏时光；豪放的潘老师为大家唱"白日放歌须纵酒"，感怀铁马金戈的诗魂；幽默的贾老师和大家一起吟"行到水穷处，坐看云起时"，用心地体味生活的趣味和意义……新颖的教学组织形式，独到而个性十足的品诗体验，让选课的学生收获的不只是一门兴趣爱好课程的内容。

这一走班形式深受欢迎，也被推广到其他热门选修课中。通过这样的同一课程的"专题式小走班"，学生选课就不受班级人数限制了，同一课程也可以同时进行几个班级的教学，真正实现了"以生为本"的理念。

（二）跨越式"校内大走班"

"校内大走班"是在"校内小走班"形式的基础上发展而来，指可以在县域中学不同年级间（主要是高一和高二）进行跨越年级的课程教学组织形式。这种形式是针对一些学生的知识能力要求并没有特别年级区别的选修课程，如县域中学的志愿服务系列课程等，学校打通了年级界限，同时供高一、高二学生共同选课。"校内大走班"的实施，首先要求学校整理选修课程，将对知识能力要求不明显的课程纳入"校内大走班"公共课程并公布给学生，同时供高一、高二学生自主选择。学生在自主选课的时候，可以根据自身情况选择大走班课程或与自己的知识能力要求相吻合的小走班课程。这样，学生可以完全自己规划高一、高二两年内的选修课安排，真正实现自主学习。

案例3-2：李同学是县域中学高一学生，在开学后不久就面临选择自己的选修课程。在校园网上，李同学看到了长长的几十门课的选修科目单，里面包括高一年级的选修课和高一、高二年级的公共选修课程。对众多课程困惑不已的李同学向老师寻求帮助，在听了老师的解释和建议后，李同学结合自己的兴趣爱好和目标，大体规划了高一、高二四个学期的选课方向，然后选择了"校内大走班"的"志愿服务素养ABC"和"新家规家训"课程以及高一年级的学科小走班课程"触摸当地文化"，形成了自己专属的选修课程表。"校内小走班"和"校内大走班"的实施都在学校进行，除固定的教室外，学校还布置各学科组学科教室，专门设置了书画教室、心理服务站（心理课教室）、剪纸教室、高标准的物化生实验室等。

（三）开放式"校际大走班"

"校际大走班"是指县域中学为满足一些职业技能类选修课和综合实践类选修课的实施场所的特殊要求，与兄弟学校、校外相关部门和单位或企业合作，开辟校校、校企等开放式走班教学组织形式。"校际大走班"的实施，首先，由相应任课教师设计课程具体操作实施方案，其中包含对课程实施的地点及人文、社会环境的要求，该方案在课程实施之前提交学校教务处、校长室等行政部门审批。其次，学校根据实际情况，积极与兄弟学校、校外相关部门和单位或企业联系协商，建立相应的课程实施基地等场所。开课前，教务处安排好日常的课程实施的场地及其环境布置工作并做好部门之间的协调工作，避免课程之间的冲突和确保各课程在一个最优环境、最适合地点安全有序地进行。最后，各课程的选课学生按安排的方式前往要求的特殊场所如工厂、基地等进行课程的学习或实践。

案例3-3：在杨村桥镇十里埠村文化大礼堂中，一堂异彩纷呈的校际课程正在

"上演",在座的有县域中学部分高一、高二年级的同学,还有杨村桥成校的一些学生。此外,还有许多年过花甲的老人、三四十岁的中年妇女、稚嫩活泼的儿童,原来这堂课的参与者中竟有许多当地的村民。这正是由县域中学唐老师和杨村桥成校叶老师共同开发与实施的"新家规家训"课程,课程开设得到当地村委会和村民的大力支持。为此,杨村桥镇从事文化工作的相关负责人多次为两校学生带来了精彩的演讲。

二、导师组合制:创新课程实施教学主体

导师组合是指县域中学为满足部分选修课程实施的需要,邀请具有一定理论知识和实践经验的学生、老师、家长与技术人员等成立导师小组来共同实施某些课程教学的创新模式。导师组合的确定,首先课程开发教师根据课程实施的需要提出基本方案,有意愿的学生申请参与,教师遴选责任心强、能力突出、有一定领导力的"学生导师";对于那些技术或实践操作技能要求较高的课程,则由学校出面联系相关技术人员或学生家长,形成该课程"导师组合"的雏形;然后对导师组合进行培训,经过磨合、调整等过程后,基本确定该课程的导师组合的方式并进行教学和实践。

案例3-4:县域中学志愿服务特色课程群中的"农村小信使"课程由于涉及柑橘、蓝莓、草莓、西红花等种植知识和技术,需要以"导师组合"的形式来实施课程。柑橘种植服务课程开发人王清华老师选定三都镇松口村柑橘种植服务站作为"先行军",提出导师组建的基本方案后,申请的学生接踵而至,经过遴选,确定3人作为"学生导师"的候选人。接着,学校联系该村的村委会主任,得到了村民支持,服务站进入实质性的磨合与尝试阶段。一段时间后,王老师发现陈同学比较适合担任学生导师,一来她工作比较负责,二来比较熟悉当地情况,三来其家长从事柑橘种植。最终确定由陈同学、陈同学家长以及王老师组成该课程的"一生一师一技术员式"导师组合。

(一) 协商施教

协商施教是指在选修课实施的过程中,各位导师之间互相协商,讨论课程实施过程中的内容、活动和表现形式,然后分工合作,共同完成选修课程的教学工作。课前,通常由教师导师召集学生导师和技术导师共同商议课堂的具体内容与开展形式,讨论课堂活动环节和各自的任务;课中,导师们在各自的教学环节有序开展教学活动;课后,通常由学生导师组织实践活动或收交作业和活动记录等。在这个过程中,学生导

师既是参与学习的主体，也是部分课程教学的实施主体，在学生和其他导师之间扮演着重要的纽带作用，还能辅助教师导师完成一些教学准备工作，如一起讨论协商教学计划、设计活动方案、课前活动准备等；校外技术员主要担当课程设计的技术指导；学生家长熟悉地理环境，为一些户外课程提供帮助与支持，并能适当提供技术帮助。

案例 3-5："《十里埠村歌》的解说和演唱"实践课中导师组合的运作。在课前，教师导师召集学生导师和技术导师共同商议课堂的具体内容与开展形式后，决定用《十里埠村歌》作为载体来实施这节课的任务。村歌里对十里埠的特点及历史典故进行了高度概括，歌词通俗易懂，朗朗上口，适合传唱。导师们还一起讨论了课堂活动环节和各自的任务。授课过程分三部分：首先，教师导师介绍导入，回顾十里埠概况。同时学生导师协作分发歌词。教师导师概说村歌，介绍技术导师。其次，技术导师叶青老师详述村歌里对十里埠特点的描述和歌词所叙说的历史典故，完成后教师导师对其进行简要的总结和点评。接着由学生导师教村民和志愿者学生学唱村歌。最后，由教师导师对活动进行总结。在这次教学活动中，教师导师负责组织学生和村民到达服务站以及整个活动的安排和监测；学生导师负责组织本小组成员的活动；技术导师负责场地和村民的联系。三方导师通力合作，确保教学能顺利高效地完成。

（二）按需组师

按需组师是指依据课程的不同难度、课型、章节，在教学中采用不同的导师组合方式。目前县域中学主要采用三种导师组合的方式：即"一生一家长式""一生一师一技术员式""一生一师一家长式"。

"一生一师一技术员式"导师组合教学模式适用于对技能要求较高或专业性较强的职业技能类和综合实践类选修课程。技术员处于教学核心地位，指导学生学习和实践，同时解决学生导师和教师的疑惑。学生导师是活动中的主体，由学生来实施可以让一些复杂的专业问题变得通俗和简单，教师则是做好活动组织和保障，必要时给予学生一些专业指导。

案例 3-6：县域中学"志愿服务"课程群中的"农民权益帮帮团"课程，分校内、校外两种教学组织形式。县域中学的杨大为老师具有律师执业资格，因此，校内教学由杨老师教授一些涉及农民权益的法律常识，学生导师适当辅助。而校外服务站点的教学，由校外法律讲解员的现场指导与咨询、学生导师适时安排的相关法律小测试、学生的走访活动、杨老师的现场点评等环节组成。

"一生一家长式"导师组合教学模式主要适用于知识或技术难度相对较低、操作性较简单的社会实践课程。在教学上,学生导师起主导作用,包括组织、策划活动和解说以及布置活动作业;家长主要承担实践环节的示范和学生操作环节的检查、把关等;教师负责跟进监督,做好活动记录等。

案例 3-7:在松口村柑橘种植服务站的实践课程中,学生导师陈同学在每一次活动前都会做精心的准备,加上陈爸爸的完美配合,活动开展得十分顺利。为了本站的学生在活动中能更好地活学活用,陈同学和负责教师王清华老师商量给同学们布置了几次研究性作业,如"松口村与周边村土质情况调查""7~8月松口村降雨情况统计""本地柑橘酸性pH测试"等。

"一生一师一家长式"导师组合教学模式主要适用于知识宣传类、信息收集类或技术难度相对较低的实践活动课程。在教学上,学生导师发挥纽带作用,便于家长和教师、教师和广大学生的联系,同时还和教师一起出谋划策组织活动;教师做好活动的组织、记录和监督工作;家长负责保障教学和活动的环境,做好和群众的联系工作,或者在一些操作中做示范。

案例 3-8:课程"触摸当地文化"把宝华洲确定为本课程的校外实施基地,进行当地文化的宣传服务。钱同学和沙足杰老师以"半朵梅花"为题来介绍当地古城,并利用课余时间做了很多宣传资料,如海报、宣传册、宣传视频。讲座PPT还由钱同学和沙老师一起完成;家长导师许家长则为课程活动安排好了时间和场地,还带领同学们一起发宣传资料,给他们介绍社区的一些情况,让同学们十分感动。

三、考评颁证和质量评审团:革新课程实施评价方式

(一)考评颁证

考评颁证是指在课程实施过程对课程质量、教师施教、学生学习效果评价,通过考核颁发不同类别的证书。其意图是通过考评颁证的方式代替传统的以学业成绩衡量师生的评价方式。考评颁证更注重课程、教师、学生的不断发展及学生对社会的贡献,肯定他们的正能量,让他们坚信自我价值。

考评颁证分为多元化考评和特色化颁证两个部分。

1. 多元化考评课程育人功能

多元化考评通过采用"诊断预检式""焦点访谈式""角色转换式"等策略,分

别从课程、教师、学生层面考评课程育人的功能。

(1)"诊断预检式"考评

这种方式主要是对课程质量考评,其考评机制主要应用了带有县域中学特色的课程实施前考评标准与课程实施后考评标准。考评课程通过多阶段不同的课程评价性标准且辅以一定的学生访谈和调查问卷来进行,以此形成县域中学课程开发范本,促进课程开发与实施。课程实施前考评标准是针对评价课程的背景、规划方案、纲要等内容,重点关注学生的兴趣、课程指导思想、课程总目标、课程内容与组织等内容,带有"诊断预检"的性质,它使许多课程在走上正轨前少走弯路。

每一个课程在实施阶段前,都先有评估阶段,由课程考评小组进行课程考评,标准是课程指导组制定的"课程实施前评价标准"。终评合格的课程被放行,不合格课程进入下一个准备阶段,而优秀课程会接受一段时间的跟踪。

(2)"焦点访谈式"考评

这种方式主要是对教师教学考评。考评教师通过制定科学合理的评价标准进行考评和采用访谈形式深入考评教师的综合表现。访谈式考评更有特色,以教师作为访谈内容的焦点进行考评活动。其优点在于从学生角度去解释和描述对教师的感受与课堂教学情况。访谈式考评是一种相对温和、客观的考评方式,尤其是被评价对象是自己的老师,如果采用一种严肃的量化表让学生对其进行考评,常常失之偏颇。

在2016学年的课程中,刘骧老师执教的"模拟导游"课深受学生欢迎,这从考评的过程中可以看出。一年中,学校曾对该课程教师刘老师的课程实施情况进行过多次学生访谈,现将其中与王同学访谈的部分内容摘录如下。

问:你为什么会选择刘老师的"模拟导游"?

生:听说刘老师经常带着学生实地讲解,这个比较有意思,能学到东西。

问:你觉得课堂氛围如何?

生:刘老师讲课幽默,课堂特别活跃,大家都争着参与。

问:学习这门课给你留下深刻印象的是什么?

生:刘老师尽职尽责的工作态度。虽然是选修课,但是刘老师却很努力准备每一次课,每次活动都让我们感觉收获满满。因为经常要走到校外,刘老师都特别关注大家的安全,总是叮嘱我们要小心、要注意等。

问:学习"模拟导游"这门课你有哪些收获?

生:学会了合作、分享,对当地的文化有了更深的了解;在做模拟导游过程中,刘老师不断鼓励我，我的表达能力也提升了很多……

（3）"角色转换式"考评

这种方式主要是对学生学习考评。考评学生采用多种形式对学生在课程学习及活动中的表现进行评价。具体操作中，可按照时段进行划分，如课中考评、课后考评、期末考评等；也可按照实施形式划分，如教师对学生的考评、学生对学生的考评和学生自我考评等。其中以课中三者综合考评（师生、生生、自我）最为典型，该方式使被考评对象参与整个考评过程，在"考评者"与"被考评者"两个角色中转换，对学生的自我提升十分显著。在实际的考评学生环节中，课程指导小组根据学校课程的总体特点，设计了多种学生学习考评表（样表），教师根据自身课程特点做修改。

乡村服务站系列课程的学生课堂学习考评十分典型，尤其是对学生导师的考评。学生导师在课程实施前和实施中，既从学生的角度积极思考，又从导师的角度为大家"设梗"；课程进行中和结束时，既是评价者，也是被评价的对象。通过课堂考评，学生导师有效地进行自我诊断与自我反思，甚至给自己"设梗"然后寻求突破，促进他们持续、有效地提升自己的能力。

2. 特色化考核课程建设成效

特色化考核通过"星级证书""荣誉称号""学历说明"颁发，分别从课程、教师、学生层面考核课程建设的实效。

（1）颁发星级证书

颁发星级证书是对课程考评的一种特色做法，采用星级标准评价课程。星级从三星、四星直至五星。星级课程的评选结果也是学校上报各类精品课程的重要依据。

2016学年星级课程评选结果中，"五水共治中的科学与服务""模拟导游"2门课程获得了五星课程的评价，"新家规家训""微探口述史"等5门课程获得了四星课程的评价，另有23门课程获得三星级课程提名。

（2）颁授荣誉称号

颁授荣誉称号是对课程开发与实施中教师的突出表现进行表彰的一种方式。荣誉称号的授予与星级课程的评选有一定的关系，但因不限于课程开发，所以非某课程的主要开发者只要参与授课，也在此颁证评选的范围内。

2011学年伊始，学校在课程教学改革上进行了很多尝试，颁授县域中学特色荣誉称号也是其中一个亮点。从最初为鼓励教师积极参与课改推出"课改之星"评选到现在课程建设蓬勃发展，颁授荣誉称号作为一种特色做法一直保留，至今已陆续开展了"校课程开发突出贡献奖""最美课程讲师""最受欢迎课程叙述人"等评选颁证活动。

（3）颁布学历证明

颁布学历证明是对于学生考评的一种特色做法，主要是颁发课程学习经历证明、课程结业证书和部分特色课程的个性化证书等。

县域中学新生自入学起，课程学习即作为一种重要学习能力的考量标准伴随他们整个高中学习的过程。学校对每名学生参与课程学习情况登记在册，在高中毕业前获得一张学习履历证明，学分达到要求且表现良好的情况授予课程结业证书。此外，志愿服务性学习活动已在县域中学开展多年，与志愿服务相关的课程学习都会累计在志愿者课程学习履历中，在符合条件的情况下于学生毕业前颁发证书并在校园网发布相关信息。

（二）质量评审团

质量评审团是"选修课程""乡村服务站""导师组合制"等运作的管理和保障。

1. 科学的机构设置满足选修课程质量提升质量评审团的组建形式灵活多样，力求务必保证团员的组合更全面、更专业，也充分考虑到评审的科学和便捷，从而满足选修课程质量的提升。

（1）分员组团：三三制，团员组成来源多元化分员组团是通过对个体参与评审的热情以及职业能力的评定，按照"三三制"方式选择成员组建评审团。"三三制"是指按"3:3:3"的比例确定成员名单，即学生、教师、社会人员（家长、技术员、职能部门官员等）各3人，从而使评审更全面、更科学。

分员组团按推送招募通告→成员推荐→考核小组审核→公布成员名单并颁发证书四步操作。学校在公众号上推送招募通告；以自荐、他荐或组织推荐等形式拟定成员；由学生处考核学生成员的实践经历，由教师处考核教师成员的专业程度和评价能力，由学校选修课质量领导小组考核社会成员对教育的热情度及其专业技术水平；学校公布质量评审团名单并颁发聘书。

案例3-9：以"模拟导游"课的质量评审团组建为例。根据该课负责人刘骧老师提出的招募章程，学校向社会（主要是旅行社与导游培训机构）和全校师生招募。经自荐和组织推荐，拟定候选人员：社会成员35人、教师27人、学生28人，依据候选人参团热情和专业能力的考核结果，最终确定2017学年模拟导游课的评审团名单：社会成员9人、教师成员9人、学生成员27人，由学校颁发聘书。

（2）按类建团：分类别，团队组成类型课程化按类建团是根据"美化乡村、助力'三农'、传播文明"三类课程的不同特色，选择具有专业技能的导师，分类别组建质量评审团，从而使评审更专业。

按类建团流程分析课程特色→评审团候选人员专业能力→课程与能力匹配→按类组建评审团四步。即对课程进行特色考察，提炼其具有代表性的职业及能力要求；通过档案查询、问询等方式对候选人员进行专业能力考察；根据课程要求与个体能力匹配，选出最佳人员，组建质量评审团。

案例 3-10：以"五水共治"选修课的质量评审团组建为例。社会热心人士周先生是污水处理厂的员工，对污水处理方法有深入研究，被聘为该课的质量评审团社会成员。聘请有排水管道维护能力和丰富实践经验的校后勤叶老师为评审团教师成员；王同学参加过多项保护水质、水源等的相关公益性社会活动，对"五水共治"有一定的理解，被聘为评审团学生成员。

（3）因地设团：求便捷，团队设置方法地域化因地设团是根据因地制宜的原则，查实区域范围内的地域优势和人员优势；根据课程培养目标，在小区域内设立评审团分团；让时间和地域受限的专业人员也能加入评审团，使评审更便捷化。

因地设团的操作是按需审议区域→查实区域优势及人员优势→考察课程评审与区域匹配程度→设立评审团分团。因地设团的前提是评审协作的需要，条件是结合分团的区域优势、区域特色及人员优势，在匹配度高、有不可替代优势或者明显优势的地方考虑设置评审团。

案例 3-11：以助力"三农"的"农村小信使"的质量评审团分团设立为例。建德市有睦山农蓝莓种植服务站、绪塘村草莓种植服务站、圣江村西红花种植服务站。据调查发现，各经营者对蓝莓、草莓、西红花的种植经验丰富，因受时间限制，他们无法异地担任评审团成员，但愿意就近提供帮助。

经商议，该课就按小区域设立评审团分团。

2. 高效的管理协作促进选修课质量提升

为了促进选修课程质量提升，我们从实效、样式、保障等角度将评审团分"点亮型和纠偏型""过程型和结果型""统计型和建议型"来实施评审团的协作。

（1）实效取向：点亮型和纠偏型的质量评审协作实效取向是指从教学实效的层面评审选修课质量，旨在审定课程运行过程是否关注选修课质量的实效和提升。分"点亮型和纠偏型"两类实施。点亮型是对选修课程、乡村服务站、导师组合的教学亮点记录的激励式评审；纠偏型是对选修课程、乡村服务站、导师组合的查找课堂不足诊断的修正式评审。

点亮型评审的操作分为教学设计评审→课堂流程观察→课堂亮点记录→亮点推广四步。评审团成员主要记录教学设计和课堂教学中的亮点，并以集中反馈、经验介绍、开设示范课等形式推广亮点。

案例3-12：以选修课"模拟导游"之"金牌导游"板块教学为例。评审团审议该课的教学设计和课堂教学，经讨论形成集体评审意见，记录下本节课的亮点："幼儿团、老人团、学者团等大跨度的旅游团的校史馆模拟导游设计"，学生可以针对不同背景的旅游团，模拟体验导游活动的差异，有利于引导学生多角度思考和多种方式操作。该项活动在2019年5月杭州市普高选修课程骨干培训会上做了课堂教学展示，取得了与会者的一致好评。纠偏型评审的操作分为教学设计评审→课堂流程观察→课堂不足记录→纠偏方案研制→二次评审五步。评审团成员主要评审教学设计中是否存在偏差，重点记录课堂教学中的不足，研制纠偏的具体方案，二次评审整改后的教学实效。

案例3-13：仍以"金牌导游"板块教学为例。这是一节由另一导师团队执教的同课异构的展示课。评审团记录了本节课存在的问题：让学生设计一个旅游团的模拟导游活动。纠偏建议：引导学生自主设计针对更多的不同人群构成的旅游团的模拟导游活动。这样的纠偏评审开拓了课程导师的提升空间，保证了选修课教学的实效性。

（2）样式导向：过程型和结果型的质量评审协作样式导向是指从实施样式的层面评审选修课质量，旨在审定课程运行过程是否关注选修课质量的样式和需求。分"过程型和结果型"两类实施。过程型是对选修课程、乡村服务站、导师组合的运作过程监控的跟踪式评审；结果型是对选修课程、乡村服务站、导师组合的运作结果考量的定性式评审。

过程型评审分乡村服务站和导师组合的运行过程记录→运行效度评审→评审结果呈现→经验提炼或不足纠正四步操作，其核心是对过程的评审。案例3-14：以"当地古城文化志愿宣传活动"过程评审为例。评审团成员观察记录该服务站内的教学前期准备：场地协调、当地古城相关资料、空白展板及其他材料。之后观察现场教学，课程导师对学生志愿服务活动的具体指导：引导学生分组进行场地、展板等的布置以及当地古城相关资料的自主学习。同时记录服务站对学生活动进行提供的运行保障：后勤给养、城文化理解的深入指导等，并提出审核建议：以问题导向设计和实施对古城文化理解的实施方案。

结果型评审的操作分为评审团观察→进行评审→提供评审结果→予以表彰四步。通过问卷调查、学生成果考察等方式记录乡村服务站和导师组合的运作结果。操作的核心是对课程落地和育人功能的评审。

案例3-15：以"绪塘村草莓种植服务站"的运营结果评审为例。评审团在观察中发现，学生在绪塘村草莓种植服务站亲手进行了草莓栽植和养护，并通过有机肥的使用和病虫害的监管，成功培育了安全绿色无污染的草莓学生获得了成就感和喜悦感。评审团一致认为"农村小信使"选修课导师的工作结果和绪塘村草莓种植服务站的运行结果促进了本门选修课的落地，具有极好的育人效果。校方依据审核结果，该课导师被评为优秀导师，该服务站被评为高质量服务站。

（3）保障指向：统计型和建议型的质量评审协作保障指向是指从保障工作的层面评审选修课质量，旨在审定课程运行过程是否关注选修课质量的保障和完善。分"统计型和建议型"两类实施。统计型是对选修课程、乡村服务站、导师组合的实施提供保障的对账式评审；建议型是对选修课程、乡村服务站、导师组合实施中的保障不足提供整改建议的应对式评审。

统计型评审的操作按观察→统计→评析→定级顺序。根据保障制度，评审团观察各项保障措施落实情况，通过条目化、对标式统计，对每项保障进行审议，并给予A、B、C等级评定：A—优秀，B—合格，C—不达标。导师等相关人员依据评审结果，充实完善后续的保障工作。

案例3-16：以"绪塘村草莓种植服务站"的"草莓栽植"第一课为例。评审团在观察中记录导师及服务站的保障工作：①提前购置草莓苗；②从仓库选出相应的劳动工具；③实践基地提前布置；④为学生准备瓶装饮用矿泉水；⑤草莓种植的技术指导。

建议型评审的操作过程是观察了解→梳理不足→整改建议→协助改良。评审团在观察导师及服务站运行的基础上，梳理保障措施中的不足，提出整改方向，并协助导师及服务站进行保障措施的改进和完善。

案例3-17：仍以"绪塘村草莓种植服务站"的保障为例。评审结果显示，实践基地提前布置和为学生准备瓶装饮用矿泉水的保障是可以改进的：实践基地只需提前确定土地，其他布置任务可以引导学生自行完成，这样更有利于锻炼学生的自主学习能力；为学生准备瓶装饮用矿泉水可改为准备桶装水，可以降低成本，且渗透学生的环保意识。

四、课程实施的制度保障

课程是落实育人理念的主阵地。为了保障课程实施工作顺利推进，县域中学制定了《县域中学梅城校区课程实施办法》对课程实施工作进行总体部署。该办法要求成立专门的课程实施工作领导小组，下设课程工作实施小组和选修课程开发小组，规定了各小组的职责分工和实施要求。在此基础上进一步制定《县域中学选修课程管理办法》《县域中学选修课程走班管理手册》《县域中学学生选课及学分认定办法》《县域中学选修课程评价办法》《县域中学选修课程指导手册》《县域中学选修课程建设师资培训方案》等细则指导课改工作扎实推进。

第四章　乡村振兴背景下县域普通高中创新学生实践平台

第一节　学生实践平台创新

选修课如果仅仅停留于设计阶段的美好愿景，缺乏有效的场景创设，实施载体就会缺失，课程育人实效就难以保障。尤其涉及语言、历史的选修课，更需要大量的语言与人文环境，实践调查、考察交流也无法在教室中进行。因此，构建有效的高中选修课实践平台是提升选修课教学质量的重要途径之一。

一、实践平台创建的依据

为确保课题的实施，学校从四个方面思考并创建实践平台。一是寻找课题实施的基石，建立开放的教学系统，即大课堂系统；二是抓住课题实施的内容，建立延展的课程知识拓展机制，即学科与生活联结；三是探索课题实施的方式，建立学校社会协同机制，即加强学校与社会的联系和资源共享；四是基于不同教师各自的优势，实现不同教师之间的优势互补。

（一）大课堂

县域中学的育人目标是培养具有"优秀品性，时代精神"的新时代农村优秀人才，我们立足的是学生的终身幸福和未来中国农村发展的需要，因此学生成人成才是学校教育的关键。学校先在选修课教学中引入"大课堂"这一形态，并在此基础上探索了基于农村普通高中选修课教学的大课堂构建思路，在常规的教室之外积极探索开辟室外课堂、第二课堂。在学校引领下，调动家庭社会力量资源，促进学会知识、学会技能、学会感恩、学会生存。在志愿活动中，培养学生的自律、责任意识；在劳动实践活动中，让知识与生活对接，锻炼学生的适应能力、生存能力、抗挫折能力、合作能力等。目前，乡村服务站成为选修课校外实践的主阵地，加上校内的第二课堂、室外课堂、劳动实践园，共有超过100个学习资源点被激活，在实现跨班、跨年级、跨区域的"大走班"教学的同时，无形中促成了学生学习方式的转变。它强调课堂形式的灵活多变，校外实践课堂、"校内大走班"课堂是其中的亮点，即有学习活动的地方便是课堂存在的地方。

案例 4-1："五水共治中的科学与服务"选修课借助导师组合制有效解决了学科跨界的问题，由单一教师指导转变为导师团队育人，给学生带来了多元化体验，达成了良好的教学效果。"触摸当地文化"选修课作为开设时间最长的选修课，已被学生誉为"高一新生的必选课"，一改过去选修课程知识有人的主线，以家乡情怀作为育人的切入口，致力于推动育人从单一的学业培养向核心素养培育的思路转变。在这样的学习氛围中，学生的知识、能力、兴趣、爱好、习惯、情感、态度、价值观都会得到不同程度的内化和提升。

（二）生活教育理论

"生活教育"是陶行知先生教育思想的核心，强调"社会即学校""教学做合一"。其内涵为：从定义上说，生活教育是给生活以教育，用生活来教育，为生活向前向上的需要而教育。陶行知认为，"生活就是教育"，教育必须与实际生活相联系。他在《什么是生活教育》一文中曾明确指出："生活教育是生活所原有，生活所需自营，生活所必需的教育。教育的根本意义是生活之变化。生活无时不变，即生活无时不含教育的意义。"在陶行知看来，教育和生活是同一过程，教育含于生活之中，教育必须和生活相结合。据此，我们加强课程与生活的联系，利用课题实施的内容，把学科与生活联结，建立延展的课程知识拓展机制。这些课程更注重学生的实践锻炼价值，关注学生的实践能力及生活能力，将学生的学科知识转化为解决实际问题的能力。

（三）协同机制

协同理论认为，在整个环境中，各个系统之间存在相互影响而又相互合作的关系，如不同单位间的相互配合与协作，部门间关系的协调，系统中的相互干扰和制约等。青少年的教育应该是全方位、立体式的教育。因此，学校从探索课题实施的方式入手，努力建立和谐的学校社会协同机制，即加强学校与社会的联系和资源共享。县域中学与相关企业共建了蓝莓园劳动实践基地、三都蜜橘种植志愿服务站、杨村桥草莓销售志愿服务站、自行车安装实践基地等实践教学基地，采用导师组合的方式进行施教。学校聘请具有丰富实践经验的教学基地管理人员或技术人员担任课程技术导师，参与课程教学、参与实施平台的设计与运作、参与指导学生实践活动等任务，保障人才培养与社会需求的无缝对接。此外，学校还鼓励教师打破界限，打造学科融通的协同机制。

（四）长板理论

互联网时代的企业，遵守的应该是"长板原理"。其核心观点认为：当你把桶倾斜，你会发现要装最多的水取决于你的长板（核心竞争力），而当你有了一块长板，围绕这块长板展开布局，为你赚到利润。如果你同时拥有系统化的思考，你就可以用合作或购买的方式补其他的短板。"导师组合"就是基于"长板理论"，发挥自己的优势的同时，借他人之力补己所短，实现不同导师之间的优势互补，进而促进学生的全面发展。

二、实践平台创建的原则

县域中学课程实施载体不局限于校内的课堂教学，还拓展到了校外的乡村服务站和劳动实践园等学习活动平台，其创建务必要基于安全便利、以人为本、实践体验、可持续性等原则，既要保障学生和教师安全、顺利地落实课程，也要保障课程的可持续实施。

（一）安全便利

乡村服务站和劳动实践园都是校外学习实践活动开展的平台，所以安全便利是首要考虑的条件。校外教学活动必然存在安全隐患，尤其是实践园中从事劳动必然有身体损伤的概率，县域中学的"实践课程实施方案"中就把安全首位的原则放在了实施原则的第一条，建立一定的安全保障制度，同时避免一些潜在的安全隐患，并针对每一个校外课程要有详细的安全预案。学校从课程、班级、学校三个层面制订了安全方案，并配备了行政、教师、家长、学生四级安全员，以确保师生在实践中的安全。课程负责教师和随班教师对学生的安全负完全责任。

乡村服务站和劳动实践园的设立是县域中学在有效地利用周边区域的教育资源，对其进行有效整合与有效流通，与其他兄弟学校、企业、校友合作实现教育资源共享后创建的新型的课程实施平台，它们的设点一般都要求交通便利、操作方便，便于教师和学生开展实践活动的教学。

（二）以人为本

以人为本的教育理念是时代发展的产物，它主张把学生放在第一位，以学生作为教育教学的出发点，顺应学生的禀赋，挖掘学生的潜能，完整而全面地促进学生的发展。学校通过乡村服务站和劳动实践园，结合多样化课程的实施，为学生的各种实践学习搭建了平台，引导学生根据自身特长，参与相关的志愿服务学习活动。在活动中学习课程知识，并把所学知识运用于志愿服务的实践活动中。通过服务活动，既展示和提升了自己的能力，也帮助了其他需要帮助的人，体现了人生价值与社会价值，培养了社会责任感和服务精神，这些都是学校课堂教学达不到的教育效果。来自各行各业的导师们，更是对学生进行了职业生涯指导、就业指导、心理咨询指导、创业教育指导等，帮助学生树立远大理想，促进学生的发展和成才。

（三）实践体验

"教育要通过生活实践才能发出力量而成为真正的教育。"这是我国著名教育家陶行知先生关于教育与实践关系的真知灼见。教育是一种特殊的实践活动，它突出体现在作为教育客体的学生同时又是学习过程的主体。实践育人强调实践是教育的内在属性，其根本目的在于逐步确立和发展学生在学习过程中的主体地位，使学生作为主体来变革自身，让知识结构、行为方式和道德品质等获得发展。县域中学将各种紧扣现实生活，有目的、有计划地实践活动通过学校的乡村志愿服务站和劳动实践园，结合运用于教学过程中，将学校、学生、社会三者紧密结合，突出实践性、自主性、趣味性、创新性，综合学生的知识与技能训练，在实践中学，在学中悟，寓教于乐，在活动中发现和解决问题，体验和感受生活，发展实践能力和创新能力，以此来实现学习知识、育人成才的教育目的。实践育人代表的是一种新的思维方式和教育观，同时也是一种新的育人模式。

（四）可持续性

可持续性是指一种可以长久维持的过程或状态。可持续性原则是实践育人工作开展需遵循的重要选择，构建实践平台的长效机制。结合县域中学育人目标，学校在育人平台创建过程中充分考虑其实用性和可操作性，选择创建项目既要充分考虑为当地农村建设服务，也要考虑其发展和前景，要让学生学有所用，毕业后能在当地充分发挥他们的才能，带动当地快速地发展，切实服务于"三农"，支持新农村建设。这样的课程或项目才有生命力，这样的实施平台才可能持续发展。

基于以上依据，县域中学创建了乡村服务站、劳动实践园、家校协同场、校史教育馆等学生实践的平台。

第二节 乡村服务站

知识技能的学习采用"课堂小走班"；社会实践采用"校外大走班"。"校外大走班"促成"乡村服务站"雏形的出现。受农村淘宝店经营模式的启发，县域中学大胆提出在学校周边乡村设立"学校驻村（社区）学生社会综合服务站点"的构想，经选修课实践证明，这些服务站点扮演了它们各自不可替代的角色，并被命名为"乡村服务站"。

一、乡村服务站的内涵

乡村服务站是指中学在本市镇村设立的，由具备一定专业知识和技能的师生、家长、技术员协作的，以提升学生志愿服务素养为目的、以提升选修课质量为目标、以服务当地村民为主要活动形式的服务基站。乡村服务站是提升农村普通高中选修课质量的有效载体，它既是县域中学选修课教学基地，也是学生实践基地，更是县域中学特色育人基地。

自 2014 年 8 月"乡村志愿者"课程研究启动至今，结合学校育人目标，乡村服务站建设不断推进，稳步升级，形成了"美化乡村、助力'三农'、传播文明"三大系列、九大主题，共计 65 个乡村服务站。其中，"美化乡村"涉及美学、设计、五水共治中的科学与服务等；"助力'三农'"涉及农业种植小知识、农业科技信息、电子营销的相关知识和操作、农民基本权利保证等；"传播文明"涉及当地文化、导游知识、新家规家训等。为提升乡村服务站志愿服务质量与乡村志愿者课程质量，根据"美化乡村、助力'三农'、传播文明"服务站的特点，分别提炼了"美育取向、责任导向和文明指向"的服务站分类操作方法。

二、乡村服务站的建设

乡村服务站对应"美化乡村、助力'三农'、传播文明"选修课程群而创建。

（一）据源选站：找优势，站点建设资源适切化

据源选站是在学校周边寻找有课程实施优势资源的村镇或社区并选址建站的工作。按照各选修课不同要求确定各自站点选择范围，形成站点资源库。这样的操作能使服务站点更科学，更顺应选修课质量提升的需求。

操作流程有收集站点资源→实地考察→筛选上报→领导小组形成意见→确定站点。负责教师根据选修课内容和实施需要，调查、走访当地自然和文化生态方面的资源包括风俗习惯、传统文化、社会建设、生产和生活经验等，筛选符合课程需要的资源点，以材料上报给学校，形成站点资源库。

案例 4-2：以"庭院设计"课程的站点资源为例。课程负责人杨洪海老师了解到近 10 个村已经或者即将进行"美丽庭院"设计大赛。杨老师实地考察各村的设计主题、实施条件以及村民的需要，评估课程实施的可行性，最后确定了洋溪社区等 5 个资源站点，并把它们各自特征及实施课程的可行性报告等材料上报学校，由校课程组确认站点并纳入站点资源库。

（二）依课试站：验实效，站点建设过程实证化

依课试站是为保障选修课程质量，在拟定站点试课决定是否设立该站点。旨在在相同类别的站点资源中选择最适合选修课程实施的服务站，彰显了学校对站点设立科学、严谨的态度。

操作流程有站点设置论证→预设站点试课→确定设置服务站点。首先，根据设站申请进行论证，对课程实施客观条件进行审核；其次，学校牵头联系相关乡镇，探讨建站的可行性，争取村委、社区支持和政策保障；再次，组织相关教师讨论站点的目标与计划；又次，教师组织学生到预设站点进行试课，审查是否符合课程实施的需求；最后，论证是否设立该站点。

案例 4-3：以"产销快递"课程的站点试课为例。周老师选择了本地区有代表性的果蔬资源：里叶村白莲、绪塘村草莓、松口村柑橘、章家村枇杷、丰产村葡萄等。学校通过对材料和报告进行论证，发现里叶村因离校太远，不宜实施课程。而其余 4

个点交通便利、群众基础非常好，可以进行试课。和村委联系协商后，周老师和胡老师分别试课，发现丰产村离城区较近，没有产销顾虑。学校根据综合意见，最后设立了绪塘村草莓产销服务站、松口村柑橘产销服务站、章家村枇杷产销服务站3个乡村服务站。

（三）分类设站：别门类，站点建设体系序列化

分类设站指对站点功能的统筹和整合，结合县域中学的育人目标，将服务站点分为"美化乡村、助力三农、传播文明"三大序列。分类设站既体现了各乡村区位和产业差异，是因地制宜、个性发展的需要；也与县域中学的育人目标相吻合。

操作步骤有站点功能统筹→站点类别确定→站点序列构建→站点数字运作。根据功能结合育人目标将它们分为"美化乡村、助力'三农'、传播文明"三大类别，在类别下构成序列站点并建立各站点的数字化管理系统。

案例4-4：以"美化乡村"系列站点建设为例。课程小组分析了洋溪社区等近20个服务站的功能，将它们归类为"庭院设计、五水共治和乡村绿化"几类，属于"美化乡村"系列，构建了如下表所示的序列化服务站点，最后纳入数字化运作。

通过教师申请、实地考察、协商沟通、系统规划，县域中学已经建立"美化乡村、助力'三农'、传播文明"三大系列、九大主题，共计65个乡村服务站。

三、乡村服务站的运作

根据"美化乡村、助力'三农'、传播文明"服务站的特点，县域中学分别提炼了"美育取向、责任导向和文明指向"的服务站分类操作方法。下面以"美化乡村"系列服务站建设为例。

（一）美育取向：鉴赏型和创意型的服务站点操作

美育取向是突出"美育价值"的乡村服务站操作方法，在"美化乡村"类站点运行。分"鉴赏型和创意型"两类，旨在培养学生鉴赏美和创造美的能力。鉴赏型站点是学生鉴赏能力培养导向的服务站，如"岱头村庭院设计服务站"。创意型服务站点是学生创意能力培养导向的服务站，如"城西村庭院设计服务站"。

鉴赏型站点操作分为鉴赏任务设置→鉴赏环境创造→鉴赏导师组合→鉴赏活动实施→鉴赏成果评审五个步骤。鉴赏任务一般根据课程内容或服务内容确定。鉴赏环境

包括服务站点本身的室内环境及周边自然风景、人文景观等。

案例4-5：以岱头村庭院设计服务站为例。该站是"庭院设计"选修课教学和体验的平台。站点根据课程内容设置了与庭院设计相关的学习和鉴赏活动任务，布置了以旧物利用为设计作品等主题展览室，并充分利用周边环境进行设计的农家庭院，特性比较明显的山坡（谷）、溪流或者公路等。站点确定该课程一般使用竞争型导师组合，在课程实施过程中，导师们设计如废旧物品重新利用的作品鉴赏、"环境与设计"主题鉴赏等教学活动。最后，站点组织评审团根据学生对设计案例作品中美的感受和理解等方面进行评审。

创意型站点操作分为创意任务设置→创意场所创设→创意导师组合→创意活动实施→创意作品评审五个步骤。创意任务是以服务的方式为村民个人、村镇委等进行一些设计、宣传等创作，以文学作品创作与演绎、绘画、设计等形式为主。

案例4-6：以城西村庭院设计服务站为例。站点人员根据城西村农户意向和要求，与课程负责人协商创意任务，为村民庭院设计简单的规划图。本课程由县域中学徐燕老师、杨洪海老师和园林设计师徐源校友及黄同学（县域中学计算机应用能力较强的美术艺术生）组成的导师团来实施。导师们组织学生进行满足农户需求的个性化创意活动，如在设计中体现与周围环境呼应的元素或突出废旧物品的使用等特点；活动结束后，整理创作成果，收集村民意见，对优秀成果进行展示并予以保存。

（二）责任导向：分享型和援助型的服务站点操作

"责任导向"是一种强调"责任担当"的乡村服务站操作模式，主要应用于具有"助力'三农'"特点的站点。该模式可分为"分享型"和"援助型"两种类型，旨在培养学生的社会责任感和历史使命感，以促进家乡建设和乡村振兴。

分享型站点主要涉及农业小知识、电子营销等宣传内容，为村民提供信息共享和经验交流的平台。例如，我们可以引用龙山村农民权益咨询服务站作为案例，他们开设了名为"农民权益帮帮团"的课程，旨在为当地农民提供权益咨询和法律援助服务。这样的站点通过提供具体的帮助，帮助农民了解和维护自己的合法权益。

分享型站点操作分为内容梳理→平台选择→活动实施→效果总结四个步骤。分享内容一般是种植技术信息或农民的健康保健、医疗卫生、民生权益等方面的政策或文件。

案例4-7：以圣江村西红花种植服务站为例。站点聘请了该村的西红花种植技术员刘军担任首席技术导师形成导师组合，并梳理了西红花品种改良、病虫防治等信息。以附近文化大讲堂为平台，开展分享活动，如首席导师的种植技术指导分享讲座、梳理简化西红花种植知识并编制成小册子和墙报在文化礼堂进行分享展示等。最后，评审小组带领学生跟踪记录西红花的生长历程，形成阶段数据，为药农服务。

援助型站点操作分为任务设置→方案拟订→导师援助指导→实施援助四个步骤。援助任务通常是基于村民个人或群体需求，如为村民争取个人的土地权益、农产品销售的渠道或电商技术支持等，因此这些任务往往具有偶然性和紧迫性。

案例 4-8：以松口村柑橘产销服务站为例。因为橘子大量滞销，橘农沈某向站点求助。服务站负责人集合各导师，共同商议援助方案，制订出销售方案：一是制作微信推文，打开零售和采摘门路；二是联系水果批发市场，寻求批发商援助；三是制作专属品牌标志，提升产品规格。然后，导师们兵分三路，各司其职，指导各组学生投入服务活动。该操作模式使站点所在地区的果农普遍获益。

（三）文明指向：学习型和制作型的服务站点操作

文明指向是突出"传播文明"的乡村服务站操作方法。"传播文明"类站点运行，旨在弘扬社会正气，营造文明的社会氛围。分"学习型和制作型"两类。学习型站点是指提供传统文化学习和研究平台来传播文化知识、倡导社会文明的站点。如"十里埠村社会文明宣传服务站"是新家规家训的学习站点，县域中学的"校史研究服务站"是触摸当地文化的学习站点。制作型站点是指为文化宣传类活动制作作品提供平台和服务场所的站点。如"三江口当地渔业文化服务站"是进行九姓渔民的民俗文化研究和民俗艺术品制作的站点。

学习型站点操作分为学习任务确立→学习活动设计→导师指导学习→学习效果评审四个步骤。学习任务根据站点资源和课程内容决定。

案例 4-9：以宝华洲社区当地文化服务站为例。该站点是课程"触摸当地文化"的实施平台。运用预设型导师组合的方式实施学习活动。在"触摸当地的牌楼文化"等学习任务中，设计了要求学生查阅站点图书馆内典籍，绘制当地牌楼分布图等学习活动。导师们指导和点拨学习重点，尤其关注学生对当地文化的评价。最后，根据学生的学习过程和学习结果对学生的发展及该站的操作实效进行评价。

制作型站点操作分为制作任务确定→制作物资保障→制作活动设计→导师指导制作→巩固活动成果五个步骤。制作任务是村民、村镇委等需要的一些设计作品或者民俗手工作品，通常由村民或村委向服务站点申请或者由负责教师走访获取任务。物资保障是指设计或制作这些作品的基本材料。

案例4-10：以西门村文明服务站为例。西门村村民反馈要把新拟的家训用物化载体呈现出来。站点聘请了书法爱好者胡建根老师、民间绣师张爱莲奶奶、铜雕艺术家叶永健师傅作为导师。导师们根据活动需要上报所需物资，设计制作活动实施方案。指导学生根据特长分成十字绣组、书法组和木雕组，设计家训物化图并完成家训作品制作。最后整理制作成果，拍摄照片保存。

四、乡村服务站的推介

乡村服务站作为农村普通高中选修课程实施平台创新一个成功先例，在全校乃至全市范围内都属首创，它既接地气，又具有典型性、延续性和易操作性等特点，具有广泛的推广价值，其成功的操作经验是可以复制的，其操作范围也是可以拓展的。

（一）推介内容

1. 乡村服务站建站经验推广

乡村服务站创新了选修课实施载体，创立了校内和校外实践教学平台，实现了县域中学选修课质量的提升，同时也掀起了县域中学选修课教学改革的浪潮。乡村服务站据源选站、依课试站、分类设站的站点建设经验，我们提炼的"美育取向、责任导向和文明指向"的服务站分类操作方法，践行的"部门联动、师生培养、站点维护"的实施保障体系，都为我们研究其他的教学实施载体提供了样本和思路。

2. 乡村服务站的示范意义

乡村服务站不断成为县域中学教改的推进剂，在其辐射下，县域中学教学研讨氛围浓厚，教师们纷纷把乡村服务站应用到教育的其他方面，如职业生涯教育、家校协同德育，甚至在基础学科的教学中也取得了良好的效果，且收获了丰硕的教科研成果。

（1）基于乡村服务站的职业生涯教育

县域中学自2010年开始的基于乡村服务站的特色课程群建设，培养了一批德才兼备的乡村志愿服务者，同时也为当前的职业生涯教育奠定了基础，可以说学生在乡村服务站内进行学习和体验的过程也是对相关职业进行体验的过程。在对近3年的乡村服务站建设进行研究的同时，县域中学尝试引导学生在乡村服务站进行职业生涯教育。学生根据兴趣自愿选择乡村服务站及相应的课程，获得对应的职业体验，在导师的带领下在服务站进行理论学习、观摩活动和职业实践。在这种多元、综合又十分接地气的体验式教学情境下，学生不仅掌握了某职业的理论知识、技能和要求，更重要的是在这种及时反馈的交互活动中认识自己，超越了对自己的主观臆断、超越了测评结果，通过真真切切地体验看到自己的喜好、意志力、能力、价值观、创造力、人际能力等，形成对自己职业生涯发展的思考和规划。乡村服务站及其相关选修课程的培养目标开始由最初的培养乡村服务者逐渐向职业生涯教育目标转变。

至此，县域中学结合自身的办学特色，在已有选修课程研究与建设的基础上进行尝试，明确了依托乡村服务站进行普通高中职业生涯教育的可能。县域中学将研究的重点定义为依托"乡村服务站"的农村普通高中职业生涯教育路径创新。

（2）基于乡村服务站的家校协同德育

学生、学校和家庭以乡村服务站为平台，将学校的精品课程"新家规家训的学习与服务""庭院设计"等研制为项目实施家校协同德育。在德育项目研制和实施过程中，通过实践和反思，学生形成了正确的三观和健全的人格及高尚的道德品质。增强了家校德育的持续性、协同度，推动了良好家风的形成。

（3）基于乡村服务站的基础学科教学

乡村服务站是学科融合基地，以"大课堂观"为指导，实现了跨班、跨年级、跨区域的"大走班"教学。我们将这一平台迁移并应用到基础学科的教学中，以此促进校内课堂教学深度变革。面对当前农村普通高中学科课程教学单一教师主导而致使教学效益低下的困境，我们借助乡村服务站这一平台，探索能满足具有学科跨界、技能跨界、角色跨界等特征的课程实施方式——导师组合。"共享课堂系统"悄悄改变了我们的课堂结构，学科融合的特征也越来越突出。

（二）推介途径

1. 宣讲团推介

服务站最有力的推广形式就是由参与课程实施的学生、教师、家长以及接受过志愿者服务的群众形成的一个特殊的民间宣讲团，利用群众口碑强大的宣传和辐射力量，扩大服务站的影响力，从而实现我们研究成果的推广。宣讲团推广可以通过在志愿服务与学习活动中把服务站的功能向群众和社会宣传，也可以通过组织演绎活动（如新家规家训服务站的演出活动等），利用村镇板报等形式扩大服务站的影响力，从而更好地服务于村民，而学生也在这些活动中获得更多的知识与技能。

2. 媒体推介

媒体是最直接的推广途径。县域中学开辟如乡村服务站等选修课实施新路径，并获得了广泛认可和关注：2016年10月12日浙江教育报社副主编实地考察乡村服务站，并在该报第四版刊登《用课程联结乡村生活》一文，展示县域中学依托乡村服务站、尝试导师组合的选修课"大走班"模式，该文引起了广泛的关注。

3. 成果报告推介

成果报告是一种非常学术、非常正式的推广方式。专著《区域推进学校课程多样化的新范式》详细介绍了县域中学的乡村服务站；同时，该样式研究也促成了县域中学对学生培养的范式研究，在2018年被确立为杭州市第三届重大课题。2019年4月18日，县域中学承办杭州市农村中小学校课程改革研究联盟成立大会，乡村服务站受到了专家们的一致肯定，其间《教育信息报》记者对县域中学做了专访。县域中学精品选修课成了选修课改革的农村样式中的实例，如2019年5月7日，县域中学协办2019年杭州市普通高中选修课骨干教师培训活动期间，在服务站展示了"有感而赏，心品为鉴"主题的剪纸艺术选修课和"我是金牌导游"主题的模拟导游志愿服务活动选修课。

第三节　劳动实践园

2020年3月，中共中央、国务院印发《关于全面加强新时代大中小学劳动教育的意见》，明确提出要在大中小学设立新劳动教育必修课程，系统加强新劳动教育。对此，县域中学根据自身特点，结合当地实际，制订并实施了"县域中学"新劳动教育实践课程，方案"。县域中学把新劳动教育课分为生活性劳动、生产性劳动、服务性劳动三大模块，引导学生在劳动实践的过程中，掌握生活技能、培养劳动素养。其中，生活性劳动是必修内容，生产性劳动和服务性劳动则是选修内容。劳动实践园是县域中学新劳动教育实践课程建设的平台与载体。

一、劳动实践园的内涵

劳动实践园是新劳动教育的硬载体，它是县域中学在劳动实践课程开发基础上，构建的课程实施平台，是教师和学生进行新劳动教育课程教学与实践活动的基地。到目前为止，县域中学共开发建设了 5 个劳动实践园：农耕园、果乐园、工艺园、土木园和微创园。劳动实践园利用校内和周边的教育教学资源，实现了方圆百余平方公里区域内教育资源的有效整合与流通，如土木园利用校内图书馆门前的一块空地，开设了以人行道铺设、钢筋捆扎为主的劳动实践活动；果乐园设在校外，与附近农副业公司合作，以蓝莓种植来培养学生的劳动与智慧能力；农耕园设在学校周边的龙山村，与村（社区）协同管理；还有与兄弟学校合作，共同开设和实施了烘焙、菜肴烹饪等劳动课程实践，实现教育资源的共享；与政府部分实现协同，并建立有效的保障与协调机制，使资源的建设、流通与使用具有市场性，资源的效益得到最大发挥。

二、劳动实践园的建设

县域中学积极进行劳动实践园建设，使其更好地发挥育人功能。目前县域中学的劳动实践园不仅是学校新劳动教育实践活动基地，也成为学校开展德育工作的品牌工程。

（一）加强组织领导

劳动实践园建设伊始，学校召开了动员会，详细深入分析了开展新劳动教育，建设劳动实践园的现实意义和深远影响，并确立了基本的建设原则，制订了新劳动教育实践活动的实施方案。劳动实践园建设主要以班级为主体，充分发挥教师、学生和家长的积极性、创造性，学校主要进行服务和引导工作。

（二）科学规划，功能分园

对应县域中学的新劳动教育实践课程分为生活性劳动、生产性劳动、服务性劳动三个模块，将所获得的实践基地资源整合为"五园"，即农耕园、果乐园、工艺园、土木园和微创园，是新劳动教育实践课程的实施平台。

（三）躬身示范，行动育人

为让学生更好地学习和获得劳动技能，提升他们的劳动素养，学校要求课程教师根据实际需要，开展劳动技术教学，鼓励教师在课余时间指导和参加劳动实践园建设。每一次劳动实践活动，班主任、随班教师、行政领导也都是躬身示范，与学生一起劳动，用行动教育学生。

二、严格管理，全面育人

（一）加强劳技教学

聘请有经验的教师担任技术指导，强化对班主任和学生的指导与培训。学校聘请经验丰富的蓝莓种植技术员为果乐园的技术导师，聘请社区农民为农耕园的管理员。蔬菜种植前，与镇、区农业技术部门合作，聘请专业技术人员，进行一次集中培训，从品种的选择、种植和管理等各个环节，详细指导；具体实施时，现场指导。为鼓励更多的教师参与新劳动教育，学校还将继续用好考核评价这根"指挥棒"，探索将教师参与新劳动教育的情况和课程质量作为评优评先的重要依据之一。

案例4-11：工艺园的劳动现场，"水电安装"课程负责教师盛建根正忙着指导学生安装家用电灯的双控开关。不久前，他得知学校鼓励教师开发劳动实践课程，便立刻报名参加。"水电安装"课怎么上，场地如何布置……为了上好这门劳动课，他将自己的闲暇时间都花在了课程开发上，仅是项目方案就修改了整整八稿。县域中学像盛建根这样的项目负责教师共有12名，该校初步建立了以学校项目负责教师为主、校外技术教师为辅的新劳动教育师资队伍。

（二）思想教育和劳动实践相结合

在劳动实践中，思想品德教育不可能自然而然地完成，学校有意识地加以强化和升华，积极组织学生利用自习课、劳动课时间、放学时间参加力所能及的劳动实践。每个学生在高一、高二阶段都必须轮换体验学校开设的所有必修课程，到了高三则可以凭兴趣自主选择体验部分选修项目。学校计划每月开展一次为期半天的集体劳动课，各班级也可以根据学生需要来开展班级劳动实践。高中三年，每个学生参与新劳动教育课的时间将不少于120课时。通过劳动实践，有效地增强了学生的劳动观念，提高了他们的思想认识和觉悟，把思想教育富于劳动实践中，将两者水乳交融，有机结合。

（三）抓好安全教育

学校从课程、班级、学校三个层面制订了安全方案，并配备了行政、教师、家长、学生四级安全员，以确保师生在劳动实践中的安全。班主任对学生的安全负完全责任，组织学生开展集体劳动，班主任随班随时组织、指导和管理。教师与学生共同劳动，不能只动口不动手，禁止让学生单独劳动。

三、劳动实践园的操作

2020年5月，随着县域中学的新劳动教育实践课程正式亮相，酝酿已久的劳动实践园也进入了公众的视野。县域中学有效地利用了校内和周边的教育教学资源，发挥了固有的新劳动教育领域的先天优势，经过科学规划和严格管理，创设了多个学生劳动实践活动园区。下面以农耕园、土木园及果乐园、工艺园和微创园为例进行说明。

（一）农耕园

农耕园主要对应实施"开心农场"等课程，由县域中学承包的龙山村20余亩土地，作为学生进行农耕种植劳动实践的基地，主要种植各种时令蔬菜以及韭菜、竹笋等长期菜种。旨在让学生通过劳动课程的学习和实践，初步了解农耕园种植基地的设计、规划与建设；能基本运用普通农业工具及器械从事农业生产；能依据二十四节气合理安排作物栽培与农事操作；掌握植物病虫害的综合防治技术；通过作物栽培拓展学生知识面，感受劳动的辛苦，强化团队合作能力，珍惜劳动成果，体会劳动带来的愉悦；培养学生学习的主动性，在农业操作过程中引起对新知识的好奇和兴趣。在农耕园里，每个班级认领一块地，班级自行决定安排种植什么农作物。学校聘请附近菜农负责园地作物的安全，平日的种植、浇水、除虫、采摘都由学生完成，学校在新劳动教育实践日统一安排班级进行除草。假期里农耕园的日常管理则由聘请的菜农来打理。

案例4-12：以"开心农场"项目操作为例说明农耕园的实施运作

1. 农场整地

在整地前集中进行规划，每个同学必须明确规划图及细则；高效地使用劳动工具，以现场活动促学习，实现"在做中学"；团结协作，完成劳动任务，磨炼个人意志。

2. 农作物种植

对农场需种植的蔬菜瓜果进行种植知识补充；种植过程中按周做好一些记录，安排部分通校生轮流值日与观察；各个种植的小组分享劳动智慧，交流种植的经验。

3. 日常护理

与果乐园的蓝莓种植的维护相同，每周安排半天时间轮流由几个班级完成，主要涉及除草、施肥、浇水知识的实践前学习；现场确保学生动作的规范，实现"在做中学"，整个劳动过程中确保学生安全，并实现劳动中不断提效的学生智慧。

4. 生态种植

生态种植是果蔬种植的高级阶段，需要在种植前按照时间、方位对整个农耕园进行规划；要确保农耕园的每一个角落有序种植，不断档。这些既是学生智慧的体现，也是全校师生团结协作的结果。

其劳动实施过程：制订班级种植计划→耕地认领→种植前除草、刨地、购买种子种苗等准备工作→种植农作物及日后管理→采摘分享。根据农作物的生长特点和生长周期（网络自行学习），学生与菜农协商好浇水、松土、除草除虫、采摘、轮种什么作物等管理安排计划。

案例4-13：2020年5月23日县域中学的农耕园正式亮相，高一年级的学生和老师一起奔赴农耕园基地，认领班级的耕地，分配农业用具，向菜农学习使用工具，学习如何刨地、除杂草。经过3小时左右的除草后，整个农场焕然一新。看着那些长势喜人的韭菜、黄瓜、地瓜、茄子、辣椒等，同学们累并快乐着，感受劳动的艰辛与喜悦，并领会到"纸上得来终觉浅，绝知此事要躬行"的道理。

（二）土木园

土木园是县域中学利用校内图书馆门前的一块空地，将其开发成劳动实践基地，用于学生进行"铺砌地砖"和"水泥浇梁、浇地的钢筋绑扎"模拟实践。土木园的劳动实践活动能培养学生一定的劳动技能，让他们加深对劳动锻炼身体、劳动创造财富、劳动产生美丽的认识，体会建筑工人的劳动艰辛劳动过程。

案例4-14：以"土木工程"项目操作为例说明土木园的实施运作

1. 人行道地砖铺设

基础性知识（铺设的基本步骤与方法）的学习，并且在进行现场劳动前做劳动分工（搬运、铺沙、砌砖、水平校正等）以及劳动安全教育。现场阶段先以实践促学习，可以现场反馈对原先的劳动分工略微调整，以体现各自的智慧和天赋；同样，在现场由学生教学生，促进技能与智慧的提升。而更进一步的是对人行道进行设计，包括基本形状、配色，是学生智慧的再提升与展现。

2. 浇地的钢筋箍捆扎

以学生的现场学习与实践为主，熟能生巧。现场一般只有两名技术指导，一部分学生"先学后教",学生对学生进行帮助,弥补技术人员的不足;同时让一部分同学成为质量监督员,对参与班级的劳动成果进行检验,现场整改。

其劳动实施过程:教师开发课程→教师授课与学生知识学习→专业技术员现场手把手教与指导→学生劳动实践大比拼→模拟劳动结束、材料复原以备下一个班级使用。

案例4-15:经过学校精心的准备,钢筋、沙土、砖块准备就绪,老师和专业技术员带领学生进入土木园基地。学生分为两组:地砖铺砌组和绑扎钢筋组。地砖铺砌组的同学分工合作运沙土、运砖块、测量画线、铺沙土、铺砖块,共同完成两个停车位、人行道与盲道铺设。绑扎钢筋组的学生在接受专业技术员培训后进行绑扎钢筋。虽然有时候会被小铁丝扎手,但是同学们仍然坚持认真完成作品。在烈日暴晒下,同学们满脸汗水,看着自己的作品幸福感十足。专业技术员对学生的作品进行点评,有些学生被评为"头号工匠"。

(三) 果乐园

果乐园是县域中学与杭州睦山农实业投资有限公司合作开发的劳动实践基地,主要实践场所是其蓝莓培育和种植基地及蓝莓产品研发实验室,应对实施县域中学开发的"蓝莓精灵"课程。该课程旨在让学生初步了解种植蓝莓的步骤,让学生懂得怎样合理地、科学地种植;为学生提供观察农作物生长和动手种植的机会,促使学生积累生活素材;应用相关知识解决"蓝莓种植"中的一些简单问题;学生在劳动中能正确使用劳动工具,将所学的生物学科知识应用到日常生产中去;学生通过品尝劳动果实,懂得一分耕耘、一分收获的道理,深刻领悟付出与所得之间的关系。

案例4-16:以"蓝莓精灵"项目操作为例说明果乐园的实施运作

1. 除草、施肥、浇水等劳动

作为日常维护内容,每周安排半天时间轮流由几个班级完成。主要涉及除草、施肥、浇水知识的实践前学习;现场确保学生动作规范,实现"在做中学"。整个劳动过程中须确保学生安全,并实现在劳动中不断提升学生智力。

2. 蓝莓采收

主要是学习采摘的一些知识与技能,在实践中让学生学会辨别果实的成熟度与质量优劣,并形成一定的评判标准与能力;在劳动中实现团结协作的能力。

3. 树苗扦插、培育

让学生先掌握一些培育、改良的生物学相关知识;在现场的劳动中感受到生物栽培种植的智慧，形成自己的体验；与同学交流自己的培育经验，把个人的智慧与收获以语言表达和现场展示的形式告知同学。

4. 蓝莓深加工

重在深加工工序的熟悉，使学生对其衍生产品如果汁、酒品、果酱、果干等有一定了解，并且对蓝莓深加工能够形成新的产业链，允许学生发挥才智，并进行验证。

（四）工艺园

工艺园是县域中学将教师宿舍五号楼一楼临街约600平方米店面改造为工艺制作的劳动实践基地，用于学生进行"水电安装""当地纸韵"等劳动实践。以学生学习兴趣和内在需要为基础，强调教学过程中学生自主参与，以主动探索、变革、改造活动对象为特征，以实现学生主体能力综合发展为目的的主体实践活动。如通过剪纸活动引导学生积极参与文化传承和交流，开发学生非智力因素，陶冶情操，提高审美能力，促进学生个性的和谐发展。

案例4-17：以"水电安装"项目操作为例说明工艺园的实施运作

1. 家用常规电路线路安装

家用常规电路线路的知识学习，是学生对物理、通用技术学科相关知识基于生活经验的再学习，是对脑海中知识的再反思，智慧的再升华；在工艺园现场观察成品，学习基本步骤并进行分组协作实践；遇到疑问和困难向老师与技术员寻求帮助，并共同完成目标，实现了在做中学；实践后可将掌握技术与知识运用到家庭生活中，是一种智慧的再体现。

2. 家用常规水系统安装

家用常规水系统的知识学习，对已学知识的再升华；在工艺园现场观察成品，学习基本步骤并进行分组协作实践；在现场实践中学习，在今后的生活中运用。

3. 水电的设计

基于一定的水电安装的劳动与实践，对家庭装修中遇到的水管电路的常规安装进行合理的设计与安排，这对学生在水电安装当中发挥聪明才智提出了更高的要求。

（五）微创园

微创园是县域中学将体艺馆部分场地约1000平方米室内改造为产品制作的劳动实践基地，用于学生进行"3D工艺""单车维修""剪纸装裱"等劳动实践。例如，

"3D 工艺"能运用 3D 建模软件设计简单的工具和小工艺品，发展立体思维空间；通过设计贴近生活的建模主题，培养学生利用 3D 技术及思维解决生活实际问题的能力。

案例 4-18：以"单车维修"项目操作为例说明微创园的实施运作

1. 学生现场学习单车的结构，认识常用工具。认识自行车的结构及其功能，理解自行车的原理，能够认识和使用拆装与维护过程中所使用的常见工具。

2. 进行自行车的安装及拆卸训练。对常见故障排查和维修。

3. 分组进行劳动实践。在劳动实践过程中，培养和提升学生的沟通与合作等方面的素养，体会帮助他人的愉悦感。

其中 1、2 是对学生独立劳动的准备，属于"做中知"活动；3 是在劳动实践中正确使用 1、2 获得的知识解决实际问题，同时还培养和提升学生的沟通与合作等方面的素养，并让他们得到服务他人的愉悦情感体验，属于"做中智"活动。

四、劳动实践园的推介

劳动实践园是我们学生成长道路上的一道亮丽的风景线！同学们了解了农作物从种植到收获的整个过程，丰富了课外生活，亲身体会到要想收获就要付出辛勤的劳动，懂得珍惜劳动成果，珍惜拥有的一切，激发了学生积极向上的动力。这一切良好的情感都会迁移到各学科的学习上来，从而对各科的学习起到积极的促进作用。因此，基于劳动实践园的新劳动教育值得广泛推介。

（一）推介主体

县域中学进行新劳动教育的推介主体主要有各类新闻媒体的宣传报道、学校周围的群众资源如家长、校友、周边企业及学校等形成的良好的口碑，使县域中学的新劳动教育享有良好的社会声誉。

1. 媒体推广

县域中学以劳动实践园为平台的新劳动教育实践活动受到了媒体的追捧，引起了极大的社会反响，收到了良好的社会效应。众多媒体也纷纷转载，受到广大网友点赞，社会好评如潮。新劳动教育再次受到社会和学校各个阶层及部门的关注，为推动全国中小学新劳动教育树立了典型和样板。本地和周边县市学校领导、老师多次来县域中学劳动实践园观摩县域中学学生的新劳动教育活动。

2. 聚能推介

县域中学的劳动实践园建设凝聚起了各种有形和无形的力量，形成了学校、家庭、社会、企业、校友、政府等各方团结起来，为学生的新劳动教育创设出一个和谐的社会氛围。县域中学与其他兄弟学校合作，实现了教育资源的共享；家长、校友参与实践园建设，出钱出力，为新劳动教育的实施提供了最大的保障；与政府部门实现协同，并建立有效的保障与协调机制，使资源的建设、流通与使用具有市场性，使资源的效益得到最大发挥。

（二）推介途径

劳动实践课程的最大特点在于其实践性，学生在实践活动中学会生活、学会劳动、学会审美、学会创造，从而达到磨炼意志、培养才干、提高综合素质的目的。因此，对于劳动实践园的推介，县域中学提出了体验活动的推介模式，实践活动的本身就是一种推介方式，而在活动中获得的知识和能力迁移更是推介的更高层次的成果。

1. 体验式推介

亲身体验是最能获得认同感的一种方式。学校鼓励教师、家长和校外人员指导与参加劳动实践园的新劳动教育活动。每一次劳动实践活动，班主任、随班教师、行政领导也都与学生一起劳动，亲自体验劳动的艰辛与快乐，赋予新劳动教育活动更深刻的意义。

案例 4-19：建德市教育局党委书记、局长实地查看并体验了中学劳动实践园的相关活动，对这项富有教育意义的活动给予了高度的赞誉。他作诗称赞道："什么是劳动？劳动就是出汗。劳动就是俯地立身，劳动是播种收获，劳动是创造美好，劳动是诗和远方！"

2. 迁移式推介

迁移式推介是指通过一些延续性活动，使劳动项目得以丰富、劳动知识得以迁移，从而进一步深化新劳动教育的意义，让学生获得知识和技能迁移的能力。利用劳动实践园开展综合实践活动，培养学生劳动观念，提高学生综合素质、动手实践能力和创新精神，是我们创建实践园的初衷，也是我们永恒的追求。实践园自建成以来，我们一直为学生搭建平台，引导学生在劳动过程中发现问题、思考问题、解决问题。

案例 4-20：在古镇导游志愿服务的实践活动中，高一（1）班的同学发现，周末来古镇的外地人特别多，由于对梅城古镇的交通管制措施不了解，经常在狭窄的单行线上因为有逆行车辆而出现拥堵。于是在劳动实践活动的总结报告中，该班级学生提出了整改办法：在入城口设置醒目的大标识牌及交通路线图板；在周末的实践活动中实行分工，除了导游志愿者外，还有部分交通疏导员，及时引导疏通交通，避免因逆行而产生交通违章和交通拥堵。这一整改措施得到了课题组的肯定，于是在古镇导游的劳动实践活动中增加了交通疏导的内容。

另外，劳动实践园建设与学科教学相结合也是我们坚持的重要原则。

在劳动实践过程中，我们充分利用劳动实践园这一平台，服务于学科教学，让学生的学习技能和学习内容得到迁移，从而获得真正的学习能力。

案例 4-21：生活英语是英语教学的重要内容，英语教师唐利辉带领自己班级的学生到农耕园一边进行劳作，一边教学生认识各种蔬果树木及其英文名字。有学生对这些作物产生了兴趣，把每一种作物都拍下来，返校后通过查阅搜索字典、图书、网络等工具，用英语为各种作物命名，并对作物的特点、习性做最简单地介绍，还联合其他同学别出心裁地用英语为各种作物制作了"名片"。

第四节　家校协同场

虽然当下家校协同理念已经逐步在学校德育中渗透，学校积极开展家校合作，如开办家长学校、召开家长会、定期走访等，但德育效果始终不尽如人意。当前的家校协同德育所暴露的主要问题为家校协同德育的持续性不足和协同度不高。对此，县域中学探索了"协同德育项目"实施载体和"理行评"一体化实施路径，创建了"家校协同场"这一德育实施新平台。

一、家校协同场的内涵

县域中学探索家校协同德育项目开发大致经历了三个阶段：活动导向的项目尝试期、主题导向的项目梳理期、策略导向的项目研制期。最初，我们努力寻找便于家校联结的、点状的德育项目，诸如新家规家训的制作、美丽庭院设计、五水共治、关爱老人等活动。首个成功的德育活动项目是"新家规家训的制作"，这个活动很好地把学校和家长联结起来，达到了意想不到的效果：家长们生动地讲述了各家的家规家训及其育人的力量和作用，学校将社会主义核心价值观融入他们的家规家训中，指导家长形成新家规家训。此活动还引起了当地政府、某金融机构的关注，对家风好的家庭予以物质上资助和信贷上优惠。在实践活动中，孩子获得良好的德育熏陶，家长受到了政府的褒奖。受此启发，县域中学大胆地发动家长共同开发分年段的家校协同德育项目，家校就很多协同项目达成一致后由年级组牵头安排实施。接着，县域中学对这些点状的活动按"美化乡村、助力'三农'，传播文明"等主题进行梳理，共梳理出三大主题八类二十多个协同德育项目。如"传播文明"主题的新家规家训、红色研学活动、村落文化调查等项目。最后，探索策略导向的项目研制期，根据求同、孵化和补白等策略研制协同德育项目。求同策略旨在开发协同度更高的项目；孵化策略指向精品化项目研制；补白策略作用在于使家校协同德育的内容更加全面，捕捉新生事物和偶发事件，及时增添新的德育内容，开发新的协同德育项目。

二、家校协同场的建设

研究伊始，县域中学只尝试了新家规家训项目的实施方法，采用的是传统的协同方式，如家长会、QQ、微信、钉钉、电话会议等，这些通用方式过于简单，协同度低，难以达到预期的德育效果。于是，县域中学在项目实施环节制定了具体的操作步骤，通过"引学、引思、引行"等一系列项目化的实践活动来指导学生和家庭实施新家规家训，从而规范学生行为，使他们懂得为人处世的原则。学校的德育实效提高了，家校协同效应也明显提升。在实践中，我们发现评价是不可或缺的环节，所以操作性强的评价方法成为县域中学另一个重点研究内容。经过不断地实践和反思，县域中学创新了"理行评"的协同德育路径，以求构建持续性长、协同度高的家校协同德育样式，并探索开发了这一样式实施平台——家校协同场。

（一）求同式家校协同场建设

求同式是指家校基于共同德育目标遴选家校协同德育内容并构建协同德育项目的策略。求同策略旨在更好地落实家校联结点，开发协同度更高的项目，采用的主要梳理方式为征集令、圆桌会和投票制。

1. 征集令

征集令是指学校从家长中征集适合家校协同德育的资源和意见以研制德育项目的

方式，旨在让家长真正参与到家校协同德育中来，获得最充分的数据和资料。

其操作分为发布征集令→收集项目→筛选项目→项目上报→项目确定五个步骤。根据课题研究需要，学校政教处向各班家长发出家校协同德育项目征集令，从全校家长中征集适合家校协同德育的内容和实施方式，班主任负责收集和整理本班的征集结果，并做适当的筛选后上报课题组，课题组收集到整个学校的项目后，根据主题对项目进行分类，对同类型主题进行筛选、合并、剔除等，然后就其中操作性强的确定为家校协同项目。

案例4-22：学校发布征集令后，高二（3）班廖同学家长提交了对孩子爱国主义教育的德育项目，学校觉得其德育功能明显、操作性强，便把它和同类主题的项目如参观双童纪念馆、千鹤妇女精神纪念馆等进行合并。然后，结合其他参观纪念馆的项目对廖家长的实施规划进行修改完善，确定为"红色研学活动"项目，其德育功能是培养学生的爱国主义情感和责任感。

2. 圆桌会

圆桌会是由学校牵头，学校和家长代表以圆桌会形式讨论并研制德育项目的方式，旨在真实掌握学校德育和家庭德育的重点，研制家校联结更紧密的德育项目。

其操作分为预选讨论项目→发出会议邀请→召开圆桌会→论证项目可行性→确定协同项目五个步骤。课题组在进行项目征集后，对其中部分德育功能较强但可能因为向家长表述不清的项目进行挑选并整理归类。由学校组织课题组、班主任和受邀家长一同参加圆桌会，与会人员一起讨论同一主题下不同的德育协同项目的科学性，并分析实施的可行性，探讨能达到的德育预期效果。

案例4-23：在项目征集中，我们收到了关于劳动教育的项目非常多，比如"有劳有获""自行车转起来"等项目都承载着很强的德育功能，但是不能清晰地表达项目内容，于是学校决定将它们预选为讨论项目，召集提交项目的家长、部分教师开展圆桌研讨会。其中，提交"有劳有获"的家长解释说是让孩子参加农地劳动，感受耕种时"汗滴禾下土"的艰辛，体会收获时"喜看稻菽千重浪"的喜悦；提交"自行车转起来"的家长说这个项目的内容其实就是自行车的安装与维修。在一起评论这些项目的科学性和可行性时，大家一致认为"有劳有获"项目缺乏场地，可操作性不强，剔除这个项目，但学校强烈要求保留该项目，会后向附近的龙山村租用了30余亩耕地。"自行车转起来"项目可以和家长开设在校门口的自行车店共同实施，既可以培养学生的动手能力，还可以获得助人的愉悦，更重要的是自行车的安装和维修中还有很多的物理与机械知识，真正地学以致用，因此这个项目被确定下来。会上还确定了其他的劳动教育协同项目：物品安装、我家的四道菜、农民权益帮帮团等。

3. 投票制

投票制是学校将拟定项目推送给家长并由家长选票决定研制德育项目的方式。得票高的被选为德育项目，这样的项目更具有代表性，家长的参与热情会更高。

其操作分为确定投票项目→推送选票→家长投票→投票结果统计→

确定协同项目五个步骤。首先由课题组或班主任确定需要家长投票的项目，设计选票（利用麦客网进行投票），将选票地址推送给家长，通知家长根据要求进行投票。收集投票结果，并根据家长的支持率来确定是否实施该项目。

案例 4-24：唐利辉老师想在班级实施"家长辅学"这一家校协同项目，邀请家长协助任课老师在晚自修时间参与班级管理，让任课老师有时间和精力给学生答疑，进行辅优补偏，但是需要得到家长的支持，并和家长一起实施才能真正有效。为了征求家长的意见，唐老师在麦客网设计了投票题，并把投票地址推送给家长，家长直接在手机上投票。投票结束后，结果显示：84.4%的家长赞同实施这个项目，59.4%的家长表示自己可以每周安排一次，26.1%的家长表示可以每月安排一次，9.3%的家长表示可以一个学期安排一次。导出投票结果后，唐老师和家委会共同编制了"家长辅学"的安排表，和家长共同实施该项目。该项目取得了非常好的协同效果，很快就在全校推广。

（二）孵化式家校协同场建设

孵化式项目研制是指对协同度高、效益好的项目进行培育，使其成为精品项目。孵化策略指向精品化项目研制，同时延伸和衍射德育功能与德育范围催发新的项目，主要利用特色村、联合体、同心圆等方式进行项目孵化。

1. 特色村

特色村是指具有村或社区特色的品牌项目孵化方式，旨在精品化项目建设，在实施区块产生一定的影响，形成德育特色村。

其操作分为确定特色项目→家长报名参与→确定实施区块→实施提炼项目→形成精品项目五个步骤。首先课题组在所梳理的项目中选择协同度高、协同效益好的项目确定为特色项目。通过家长报名参加，选择报名集中的村镇或社区作为项目实施区块。

家校协同实施项目，对项目进行跟踪提炼，使其品质不断提升，实施方式操作性更强，达到更好的德育效果，成为精品项目。

案例 4-25：高一（1）班发动了"探寻家族之源"的家校协同德育活动，产生了良好的德育效果，被确定为特色项目。叶同学和父母一起寻根到新叶古村的叶氏祠堂，找到了祠堂里陈列的家谱中父亲和自己的辈分，录制了含泪齐诵祠堂墙上的玉华叶氏传承了800多年的家训的视频。学校审定后确定在新叶村深入开展此项活动，并以此为基础研制协同德育项目，"寻根之旅"成了德育运动的精品项目。

2. 联合体

联合体是将相关村或社区组成合作联盟经营共同德育场的精品项目孵化方式。这种项目研制方式旨在形成一个影响力"1+1>2"的联合德育场，孕育新的家校协同联合项目，从而进一步扩大家校协同德育的影响。其操作分为梳理特色项目→打造联合协同项目→形成联合体三个步骤。课题组根据二次梳理特色项目，打通同主题的项目，使其连点成片，形成一个德育区块，在其中打造联合协同项目。

案例 4-26："我家来代言"的特色村庄推荐的德育协同活动，既加强了亲子交流，也让学生更爱自己的家乡，取得了非常好的德育效果，成为特色项目。课题组在二次梳理项目后发现学生推荐的特色村庄都有自己独特的文化氛围，是这些村落最具灵魂也最吸引人的东西。于是课题组连点成片，研制出"村落文化调查"这一家校协同的项目，让学生对乡村进行更深入地挖掘，把原来几个村的项目扩大到全市的各个角落。

3. 同心圆

同心圆是指特色项目衍射其德育功能并催发新项目的孵化方式，旨在通过与周边的村镇学生及家长协同实施对学生的德育教育，从而扩大家校协同德育的影响。

其操作分为聚焦核心项目→衍生相关活动→选定实施范围→确定新项目四个步骤。首先由课题组根据二次梳理特色协同项目的德育功能，然后研讨其功能的延伸和衍射并形成新的协同项目。对新项目的可操作性进行考证，确定实施范围（如实施对象、学生年级、项目主题等），联合学生家长一起协同实施项目，形成以特色项目为圆心而衍射开来的一个同心圆形状的德育功能块。

案例 4-27："庭院设计"项目是家校协同德育项目中的一个精品特色项目，收到了良好的社会效益，很多村还举办了"最美庭院"比赛。这个项目不仅培养了学生的家庭责任感，也锻炼了他们的审美情操。在二次梳理特色项目时，课题组决定把该项目再提炼提升，除了秀庭院外，还可以秀家庭。征询家长意见后，课题组把新项目确定为"和美家庭秀"，每期围绕不同主题设置，如敬畏生命、感恩等主题，高一以表演汇报的方式秀，高二以演讲、照片、视频制作的方式秀，高三以写作的方式秀。

（三）补白式家校协同场建设

补白式是指捕捉生活中新生事物和偶发事件并及时增添新的协同德育项目。补白策略使家校协同德育内容更加全面。研制方法主要有"新生地、偶遇角、民声墙"。

1. 新生地

新生的是指通过整合新生事物、社会热点等信息研制成家校协同德育项目方式。其意图在于研制热点德育内容项目，是对家校协同德育内容的重要补充。

其操作分为收集新事物信息→梳理德育主题→分析项目可行性→征求家长意见→确定协同项目五个步骤。负责新生地的是全体德育工作者，每周收集整理新生事物、时政要闻、社会热点、文件精神等信息上交课题组，课题组成员负责梳理材料中的德育主题，分析实施的对象（如考虑学生的年级、性别、地域等因素）和实施的可行性，然后征求相关家长的意见，最后确定协同项目，报课题组后即可实施。

案例4-28：2020年3月20日，中共中央、国务院印发了《关于全面加强新时代大中小学劳动教育的意见》，就加强新时代大中小学劳动教育提出了意见。课题组认为这是家校协同德育的极好内容，蕴含着丰富的德育主题。

课题组分析了开展劳动实践的家校协同德育的可行性后，就劳动教育事宜征求家长意见，得到家长们的一致赞同。课题组报学校建议在全校开展基于劳动实践的家校协同德育大项目，并提交了"××中学'基于劳动实践的家校协同德育'实施方案"。学校肯定了项目的科学性和创造性，并同意在高一、高二年级先行开展。

2. 偶遇角

偶遇角是指将偶发事件研制成家校协同德育项目方式，是捕捉型的补白式德育项目资源，其作用在于即兴捕捉德育项目资源。

其操作分为偶然事件梳理→德育主题捕捉→协同项目设计→确定协同项目四个步骤。在事件发生后，教师能迅速捕捉到其中的德育主题，并根据主题设计家校协同的项目，征求家长意见，协商项目的可行性，确定项目实施方案，最后报学校或课题组审核确定协同项目。

案例 4-29：在一次班团课上，杨大为老师给学生播放了一部抗战影片，当日本侵略者肆意杀戮手无寸铁的中国人的画面出现时，有名学生笑出声来："太假了，刀还没有砍到就倒下了！"惹得学生哄堂大笑。杨老师问他们为什么大笑，回答是杀得不精彩，这回答让人震撼、让人心痛。杨老师感觉到爱国主义教育只靠空洞的说教对学生不起作用。于是他和家长们一起讨论了"孩子的爱国主义教育"这个话题，提出"家庭电影院"的协同项目，组织观看"百部爱国影片"，这一项目得到家长的支持，最后杨老师把项目方案报课题组确立了这个家校协同项目。

3. 民声墙

民声墙是将家长向学校发出家庭德育援助心声或诉求研制成家校协同德育项目的方式，是补白式德育项目的发源地之一。家长在民声墙上写下需要学校帮助处理的问题，学校根据他们的诉求研制家校协同项目。民声墙为发掘个性化家校协同德育项目开辟了主阵地。

其操作分为家长贴出诉求→教师解决问题→课题组梳理资源→研制协同项目四个步骤。家长或学生在墙上写下需要老师或学校帮助处理的事情；教师收到诉求后尽快帮助解决问题；课题组收到诉求和教师反馈的处理情况后对诉求进行梳理，挑选有德育意义的内容，打造新的家校协同项目。

案例 4-30：高一（7）班的马同学妈妈在"民声墙"上贴出"孩子越来越沉默，周末回家基本上一句话都不说，怎么办？"的求助帖。班主任盛国新老师全面了解马同学的情况后，和马妈妈分析了原因，制订出"每日和谐对话五分钟"计划。在一段时间的实践之后，马同学的进步很大。学校据此制定了"家庭故事会"德育项目并推送给家长。

三、家校协同场的运作

县域中学为提高家校协同德育实效，依据德育目标不同的项目分类开展家校协同场的实践运行策略，主要有观摩式、劳作式、展示式三种方式。

（一）观摩式家校协同场的实施路径

观摩式是以访问学习、观摩感悟等方式，家校协同开展德育活动的模范引领路径。

学校通过家长、村（社区）联系相关人员或场地，有效协同，确保项目合作的有效落实与有序推进。其主要路径有访乡贤、走研学、观影视。

1. 访乡贤

访乡贤是家校协同组织学生走访村镇的名人、五好家庭等从而实现榜样育人的实施路径。让学生在访谈交流中受到教化和影响，了解和丰富对本地优良传统与家风人文的认识、理解，观摩式是家校协同德育实施路径中最为直观的方式。

其操作分为走访约定→走访准备→走访活动及交流→二次交流反馈四个步骤。学校教师与家长约定走访对象；学生在走访前做好适当准备，准备走访材料及问题，如有必要在走访同学中建立若干学习小组；走访过程中认真记录，返校后学生间进行交流；如有必要，学生回家后与家长进行二次交流，并将情况反馈学校。

案例 4-31：年级组陈瑞老师与家住十里埠的邵同学家长约定去他们村走访，该村是一个民风淳朴、家风建设杰出的村落。完成准备工作后，在邵同学父子两人的引领下，学校先后组织了约 200 人 5 个小队分批次走访了村里许多邵氏老人，同学记录下当地很多民俗故事和家族事迹。邵同学也通过这次活动了解了许多自己原先并不知晓的家族故事和优秀传统，并在汇报中写道："作为邵氏后人，我从 91 岁的邵思议爷爷颤巍巍的双手上接过那一叠厚厚的族谱时，强烈的自豪感和责任感油然而生，我要将'孝、正、和'三条家规从此践行并传承下去！"

2. 走研学

走研学是家校协同组织学生深入家长的单位或者走访当地的名胜，从而培养学生乡情的实施路径。让学生在走中看，在看中体悟，在体悟中有所钻研，提升自我对家乡、对本地文化的认识和理解，产生对家乡的自豪感，并在活动中达到德育的效果。

其操作分为前期调查→研学准备→研学实施→交流总结四个步骤。教师调查研学地点，与家长约定时间、地点；学生提前做研学准备，教师指导同学建立若干研学小组，并确定研学过程中小组安全员，明确安全汇报制度；研学过程中认真进取，积极讨论，返校后再次进行学生间的交流；研学结束后，学校指定教师与家长进行反馈交流。

案例 4-32：县域中学 2022 届致远 1 班教师与家委会共同组织了"探寻家族之源"的研学活动。活动开始前，对许多同学建议的研学点进行了调查，最后确定前往新叶古村的叶氏祠堂。对于当地的人文环境和民俗特点，同学们提前做了了解。活动中，同学们积极参与，班级里的叶同学和父母一起完成了一次寻根之旅，找到了祠堂里陈列的家谱中父亲和自己的辈分，让他们激动不已，父子俩更是录制了含泪齐诵祠堂墙上的玉华叶氏传承了800多年的家训的视频。在交流现场，许多家孩子一起讨论，一起歌唱；叶同学的家长和他本人还做了现场发言。

3. 观影视

观影视是家校协同组织学生观看经典影视，从而培养学生"三观"的实施路径。通过观影，学生思考在日常生活中自己表现得不足之处，家长思考如何在有限的时间与空间中发挥影片的育人意义，并在今后对孩子的教育中如何改进。

其操作分为教师准备→内容布置→亲自观影→影评建议→展示评价五个步骤。学校教师前期备课，确定观影的主题和要求，并确定要观看的影片；将影片的内容告知家长并与学生家长明确观影完成的时间和观影的小作业；学生与家长共同观看并交流彼此的想法，并做好简单的记录；学生在教师提供的主题限定的范围内完成观后感撰写；学校与家长进行意见交流，教师对学生的作业进行有针对性、展示性的评价。

案例4-33：高三（5）班组织了观看影视《肖申克的救赎》的活动，观影的主题是"在家庭中高中孩子可获得哪些自由而不需要经过家长的允许"。一时间引起了学生与家长的激励讨论甚至是辩驳，增强了学生对家庭责任与义务的认识，不少家长感慨：好的电影确实可以激励人，孩子长大了，也很有想法了，关键是现在他们懂得换位思考了。

（二）劳作式家校协同场的实施路径

劳作式是以劳动实践等方式家校协同开展德育活动的实践育人路径。

依托学生家长所在的村（社区）开展一些劳动实践项目，并依托家校合作使一些劳作内容常态化，彼此配合，致力于形成固态化的德育学习基地。它主要有三种路径：传文明、进基地、制作品。

1. 传文明

传文明是家校协同组织学生传播时代新风和精神文明等活动，从而培养学生"文明、和谐"等核心价值观的实施路径。通过志愿活动帮助村民形成奉献、友爱、互助、进步的时代新风，推进新农村建设。同时促进学生树立社会主义核心价值观。

其操作分为约定活动内容→活动准备→备案分组→活动实施→活动总结五个步

骤。由家长牵头，约定实践活动或者服务活动内容；学生在活动前做好适当准备；制订活动方案报学校批准，对班级同学进行分组，采取组长负责制；过程中安排专门的同学记录，返校后进行反馈交流；一周左右后，学生汇总感悟成果，学校将情况反馈家长及其所在的村（社区）。

案例4-34：在传文明方面，县域中学基于家校协同德育的劳作式实施路径开展了大量实践活动，也利用了目前学校的一些实践基地资源，使学生参与文明的讲解、宣传活动，获得了自我的提升，也让家校携手共进的德育协同项目得到持续发展，下表列出了近段时间的主要活动。

2. 进基地

进基地是家长与师生共同参与基地劳动从而培养学生劳动素养的实施路径。聘请一些家长担任学校"劳动安全员"和"劳动技术员"，为学生讲解相关领域的专业知识和技能，不仅能壮大学校德育队伍的力量，而且让学生了解更多在学校学不到的知识和技能。

其操作分为确定实践内容→家长招募→活动实施→活动总结四个步骤。学校以年级为单位确定进驻的实践基地及实践的内容；由班级教师负责招募家长担任班级安全员，并通过调查商议聘请本班中的几位家长担任技术指导；教师邀请家长现场查看实践基地并商议本班的活动计划；现场有序实施：学校安排教职员工担当班级安全员，班主任对班级安全总负责；邀请家长与有经验的教师担任技术指导；学生在活动结束后将活动心得与家长、老师、同学分享。

案例4-35：高二（1）班在劳动实践园（农耕园）的活动计划由教师与家长一同制订，并在班会上征求同学意见后确立，活动全程，学生积极认真，家长与教师配合默契。

时间：5月23日上午

地点：学校农场（农耕园）活动安排：1. 活动前特异体质排查，进行思想教育；2. 周五下午熟悉场地，进行劳动培训；3. 人员安排：全班32人，分成5组，每组设组长1名，安全员1名，家长1名，帮助指导学生劳动。

家长感言：

许多农活自己小时候随父母（孩子的祖父辈）下地参与过。看到自己的孩子这么卖力，有点回味自己的童年，也十分欣慰自己孩子的成长，也心疼孩子手脚磨出了泡；但更多的是给予一定的鼓励，毕竟吃得苦中苦，才知道学习的机会来之不易，没有家长希望自己孩子的未来还比不上自己。

3. 制作品

制作品是家校协同组织学生制作艺术作品或成果展品，从而培养工匠精神的实施路径。各种评比，使学生获得成就感，让家长有效把握德育契机，实现家校协同德育的预期成效。

其操作分为主题确定→作品制作→作品评比→作品展出四个步骤。教师、家长和学生共同商讨确定制作品的主题、基本的活动方案；学生与家长共同完成，并在完成过程中做简单的活动记录；以班级的形式对作品进行评比，家长、师生共同参与，评比充分利用微信等平台，实现家长都能参与；对优秀的作品进行全校范围的展出。

案例4-36：以"新家规家训"牌匾制作活动为例，首先是高一年级班主任通过家委会、班团课与学生、家长商定对活动主题达成了一致。作品制作环节，学校邀请书法家或工匠，组成载体物化组，他们和各个家庭商量后，根据家庭意愿，对新家训进行设计或书写，然后由学生和家长一起制作完成。最后，学生和家长在装裱师的指导下自己动手把这些作品装裱好，学生对制作的过程做了图片与文字的记录。这些作品完成后首先在学校的校园内、学生所在的村（社区）进行展出。"新家规家训"牌匾悬挂在家庭成员生活起居抬头即见，起到警醒、约束、激励等作用，对家中长幼都有潜移默化地影响，是浸润式的育人与传承。下图为部分制作的家训牌匾。

（三）展示式家校协同场的实施路径

展示式是以成果展示等方式家校协同开展德育活动的实效激励路径。

以家校合作方式在校内外开设讲堂、展示平台，邀请学生家长担任技术人员为学生的展示活动做技术指导，在学校、师生和社会中产生积极的影响。它主要以三种路径运行：设讲堂、晒成果、比技能。

1. 设讲堂

设讲堂是家校协同组织学生参与开设大讲堂活动展示德育实效的实施路径，邀请家长来校聆听或演讲的一种家校协同德育的展示式德育实施项目。通过这样的展示机会，增强了学生的自信，也增强了家庭德育的功效。

其操作分为规划安排→班级讲堂→学校大讲堂→体会交流四个步骤。

除校友讲堂由学校统一安排外，学生讲堂和家长讲堂由学生或家长提出，由班级教师上报学校；安排一次班级演讲；在班级讲堂效果反馈的基础上，评定选择一些优秀演讲者开设全校范围的大讲堂；到场聆听的同学要完成心得体会并与同学、老师交流。

案例4-37：以一次家长讲堂为例。县域中学校友同时也是王同学的父亲提出为同学们讲校史，该活动首先在王同学所在的班级开展，后因反响强烈推荐到学校大讲堂进行，广大师生与部分家长代表共同聆听。会中有许多家长主动要求发言，他们结合自己的亲身经历与切身感受，生动讲述学校发展历程、光荣、传统及个人成长故事，对高中生进行理想信念教育，激励广大学生爱国爱校，把个人的成长进步融入推动国家发展、民族振兴的时代洪流中。

2. 晒成果

晒成果是家校协同组织学生通过多种形式的分享汇报等形式展示德育实效的实施路径，能起到提升学生的家庭责任、荣誉感的效果。

其操作分为初定方案→征求审批→展示交流→总结建议四个步骤。一般由班级教师制订晒成果的方案；在班会和家委会发布并征求意见，然后上报学校；晒成果一般以年级为单位安排统一的时间、以班级为单位进行展示，允许跨班级展示与交流；结束后，以班级为单位上交成果报告，须有学生家长的参与，给予意见建议。

案例4-38：以高一（2）班学生晒基地劳动成果为例，杨老师策划晒成果方案后报批学校通过，周五晚上在教室举行。张同学母子晒出了一组劳动过程和成果的照片并感言："劳动的过程中无数次的汗流浃背却让我很开心，我获得了前所未有的前进动力！"张妈妈说，劳动实践可以帮助孩子在紧张的学习下放松身心，并积累社会经验，希望多开展类似的活动。现场的照片成了班级文化布置的重要窗口，一张张成果报告被张贴在班级文化墙，部分家长留下的感言也让同学们有了前行的更大动力与勇气。

3. 比技能

比技能是家校协同组织学生依托亲子活动进行技能比拼的展示德育实效的实施路径。通过竞技活动培养学生勇于争先的奋斗精神。

其操作分为制订方案→学校审批→活动实施→活动总结四个步骤。由班级教师制订比技能的活动方案，明确活动的形式与目的，考查的基本技能等；在学生班会和家委会发布并征求意见，然后上报学校通过；活动一般以班级为单位进行确保全程的安全有序；在活动结束后，在征集学生、家长的交流成果与意见的基础上提交班级活动报告，巩固德育活动成果。

案例 4-39：以 2019 学年第一学期高二年级各班举办的一次班级亲子技能大赛为例。这次活动，班主任和任课教师是主要策划人，获得到了学生与家长的广泛支持。方案上报学校后做了可行性、安全性评估，并予以通过和改进原方案。其中有代表性的是高二（1）班的单车装配赛、高二（4）班的擀面皮赛、高二（6）班的刺绣赛和高二（9）班的多米诺骨牌赛。活动中，展现了家长和学生的热情，也表现出了默契与快乐，许多家长还主动要求担任安全员并参与技术指导。活动结束，很多家长表示："平时陪孩子的时间不多，但默契还在，在今后的家庭教育上，要利用这样的方式和机会与孩子真诚交流，让他们更加独立。"许多学生与家长的现场感谢成为本次活动报告的重要成果，对于家庭与学校德育都是有效的指导。

四、家校协同场的推介

（一）推介主体

县域中学进行家校协同德育场的推介主体主要有学生、家长、社会群众等群众资源良好的口碑，各类新闻媒体的宣传报道、社区村镇等文化活动中心的辐射，使县域中学的家校协同德育场享有良好的社会声誉。

1. 实施主体的行动推介

县域中学以家校协同德育场作为家校协同实施平台，为德育实施的主体教师、学生、家长实施具体德育项目提高了畅通的途径和多样化的场所，从而保证了家校协同德育的优质高效。德育项目的实施过程既是学生德育过程，也是家校协同场的推广过程。学生在访校友、名企项目活动中获得了学校的归属感和为学校增光、为社会贡献的责任感；在红色研学项目实践中获得了爱国主义教育，我们的观摩式协同场受到家长与学生的认可；在劳动实践活动中培养了责任意识和吃苦耐劳的精神，劳作式协同场成为固态化的德育学习基地；在村落文化调查中感受了生态文明，接受了地方传统文化教育，模拟导游项目培养了他们的职业素养意识和服务意识；在调查和服务中我们的展示式协同场走入了各个村镇群众家庭，受到群众的热捧。

2. 社会群众的口碑推介

"一个孩子带动一个家庭，一所学校影响一个社区。"家校协同德育项目的实施，也助力了良好的社会风气的形成。庭院设计项目由学校的德育协同项目升级为村镇"庭院设计大赛"项目，不仅美化了社会环境，还促进了邻里之间的关系。而协同项目中的精品项目"新家规家训"不仅使用于学生家庭，推动了良好家风的形成，更推广到社区和村镇，掀起了家风建设的良好社会风气。学校跟本市×信用社合作，把好家风星级评议和金融普惠信用贷款结合，推出"好家风无担保贷款"活动，即把好家风评议跟信用社金融普惠政策信用贷款挂钩，根据好家风评议不同等级，发放不同数额的无担保信用贷款。

案例 4-40：吴同学的家庭在去年的家风评议中获得了五星荣誉证书。

2020 年春天由于疫情影响，他父亲经营的蛋鸡饲养场的鸡蛋滞销，资金回笼困难，眼见饲料因欠款难以为继。于是他启用了家风信用卡，顺利地从信用社贷款 20 万元，解了燃眉之急。

这些获益的家庭和群众对学校的家校协同德育项目及其效果给予了高度的评价，通过群众的良好口碑宣传，学校的家校协同场获得了非常好的社会效益和声誉。

（二）推介途径

家校协同德育的实践过程本身就是一种推介方式，而在活动中获得的知识和能力迁移更是推介的更高层次的成果。

1. 参与式推介

体验是最能获得认同感的一种方式。在协同场中实施家校协同德育的过程中，教师、家长、学生不仅是参与者，也是推广者。访乡贤、走研学活动把家校德育协同场直接和社会联结起来；制作品、晒成果中，学生通过实践把自己的劳动成果当作艺术品或展示、或悬挂，供人参观更是最直接的成果推广活动；传文明、设讲堂中，学生更是以主人翁精神感受文化、传承文化……通过观察、聆听、实践、反思，学生获得比学校说教式德育更深刻地感受，从而促进他们形成正确的"三观"，培养健全的人格和高尚的道德品质，实现立德树人根本目标。

2. 衍射性推介

家校协同德育样式的研究，把学校德育与家庭甚至社会联结起来，形成了一个完整的德育场。由学校和家长基于共同德育目标遴选凝聚家校协同德育的内容，构建适合家校运作的德育项目，到追求一村一精品，再到延伸和衍射德育功能与德育范围催发新的项目，这样的研制过程，让项目由学校走向家庭，由家庭走向社区、走向社会，德育阵地不断扩大，德育影响力也不断加强。不仅增强了学校德育效果，也促进了社会风气的建设。"新家规家训"项目就是典型案例。学校以该项目为抓手，搭建多样化的家校互动平台，使学校、家长、学生共同践行优秀的家规家训，为学生营造健康文明的学习和生活环境，涵养学生的道德品质，有力地推动了良好家风的形成。

第五节 校史教育馆

一、校史教育馆的内涵

"不忘来路艰辛，才能砥砺前行。"校史是一所学校独有的文化资源、信息资源与教育资源，校史文化是校园文化的重要组成部分，育人功能在校史文化的使命与功能中占有举足轻重的地位。县域中学作为一所百年名校，其厚重、深沉的校史是浙西地方传统的积淀、严实精神的承载、当地文化的映照。学校的档案室记载着学校发展的点点滴滴，前人的足迹和成功先例是学校育人效果的最好体现。学校坚持以校史育人，并对其育人路径进行了深入研究，创造性地提出了校史感悟式育人、探究式育人及展示式育人等全新的育人路径，创建了当地校史馆这一全新的育人平台。利用这一平台，学生可以从真实的历史背后提炼出内涵丰富的严中精神和严实文化，这都将成为广大学子成长成才道路上的助推剂。

二、校史教育馆的建设

（一）校史馆建成

2018年初，县域中学校史馆建成，它展陈丰富、设计精巧、品位典雅，吸引了无数校友和社会各界人士纷至沓来。2019年10月，按照社科普基地的属性要求，学校又对校史馆进行了提升。现在的展馆具有六纵（六大阶段校史展厅）、六横（六大主题教育展厅）十二大展厅，以及器材室、体验室、古籍室等10余个展室。校史馆着重展陈学校光荣的历史和优秀的传统，具有很强的教育意义。

另外，2019年9月，学校还对校史馆中特色的"红色校史"部分进行了挖掘和整理，并开辟了"严中红色足迹"党建长廊，作为校史馆的延伸。长廊由"红色摇篮、红色故事、红色传统、红色荣耀"四大板块组成，已经成为一个著名的党建示范点，为学校开展校史教育增加了一处有力的阵地。

（二）讲解团形成

学校已经建成一支教师数十人、学生数十人的校友解说员队伍。两年来，他们接待各级领导、各届校友、省内外研学团体达数百场，积累了丰富的解说经验，已经成为校史教育的主力军。学校"五月花海"大型文艺晚会，

2017年以"严中印象"为主题、2018年以"严中故事"为主题，演绎了严中人的历史故事。学校美术生以"严中符号""严中名人"为主题，开展了画展、剪纸展。各个班级每日德育微课常以校史为素材，学校的各种大型活动都深入挖掘校史元素。在严中，校史教育以多种形式、多种视角开展起来，得到了广大师生的一致欢迎和好评。

三、校史教育馆的运作

利用校史教育馆设计和实施活动，探索了感悟式、探究式和展示式三条育人路径。

（一）感悟式育人路径运作

感悟式育人路径是让学生通过观察、阅读、访谈等方式经历与校史相关的故事和发展，从而从内心自发地产生对学校、对家乡的认同、自豪、责任、眷恋等情感。主要通过观史馆、读史书、访校友等方式来运作。

1. 观史馆

感悟校史底蕴，唤醒学生的归属感国以史为鉴，校以史明志。校史馆是实施素质教育的重要基地，是以史育人最具活力的窗口。为提高校史馆的育人作用，首先，我们将严实校史馆作为新生教育重要的基地，对新生进行校史教育是学校育人工作的一个重要起点；其次，我们将参观校史馆纳入每学年教育教学计划，开设"严实第一课"列入课表，规定学时，要求每位学生每学期至少进校史馆一次，通过校史文物、实物与图文并配以讲解员的讲解，了解学校的历史、校友、名师、现状与发展前景，通过撰写参观心得，增强认同感和自豪感，同时对学校光辉发展史和艰辛发展历程的

更深认知也能唤醒学生对学校的崇拜与敬畏之心。

下面是一名学生的参观心得。

在参观校史馆的过程中,我们都是惊奇和兴奋的。在九中小学部"好学生信条"展板前,同学们将一条条信条对照自己的行为,议论纷纷,有骄傲也有惭愧。

在"辗转办学"展板前,我们了解到抗日战争时期的学生求学之艰难:白天到乌龙庙上课,敌机来了就躲到松树林里上课,晚上回学校,两个学生共用一盏桐油灯苦读。一些平时喜欢抱怨学校条件差的学生醒悟了。

在一张《年青的一代》的剧照里,大家看到了还是初中生的马胜荣。马胜荣因为参演了学校师生共同演出的话剧《年青的一代》,将感受写成文章《一颗红心两种准备》并发表在《浙江日报》上,从此走上新闻写作之路,直至成为新华社副社长。听完介绍,同学们纷纷表示以后要积极参加学校组织的各种活动,锻炼自己的才干。

在"校友荣光"展板前,我们看到自己学校的校友与国家领导人的合影,备受鼓舞。学长解说员鼓励我们说,这些校友走过的就是我们今天生活的校园,他们能得到的荣誉我们也能得到。

2. 读史书

品读百年校史,激发学生的爱校情校史是记录学校建立发展和变迁的文献资料,以宝贵的文物和历史资料展示学校丰硕的育人成果。读校史是学生了解学校的过去最直接的方法。为了深入了解严中历史,并将厚重的校史文化更好地传承,学校一般会为每个学生在高中期间组织两次"品读严中"读史活动:入学阶段的高一新生和毕业阶段的高三毕业生。

新生入学阶段,品读一些校史沿革等书籍,如《百年严中》《严中校志》等,让新生了解学校。在班级活动中以游戏或讲故事的形式进行来检测学生的读史情况,这使得原本较为枯燥的校史变得精彩有趣,在学生的讨论及问答的同时将校史教育融入学生心中去,这样不但能达到校史教育的效果,还能促进老师与学生之间、学生与学生之间的交流和理解。

毕业阶段,品读的校史是一些较为深入的内容,如"严中人物""严中故事"等,达到让学生读懂学校的目的。将要毕业的学子对学校不免有些眷恋及不舍,让学生在离开学校时读懂学校,这样不仅让学生出社会后铭记在校教育,让学生为学校而自豪,愿意回报学校、支持学校,也有利于学校的发展。以下是高一(1)班林同学在"品读校史"的读书分享会上的发言稿。今天我看了《百年严中》这部校史。那么大、那么厚的一本，让我感叹百年名校的枝繁叶茂。最让我激动的是，我竟然在书中找到了我爸爸的名字！

没错，老爸是我的学长！1993 届（3）班的毕业生！爸爸是个优秀的学长，高中毕业后，他考取了杭州科技大学，虽说是中专，但他是我们村的第一位大学生，是全村人的骄傲。大学毕业后，他走上了工作岗位，工作认认真真，多次受到领导嘉奖，后来经历了单位转制、下岗、打工，在温州认识了我妈妈，两人返乡办厂，勤勤恳恳，把厂办得红红火火。爸爸说他没有给母校丢脸，无愧于"严中人"的称号。在爸爸的鼓励下，我考取了和他同一所高中。学生时代爸爸是班长，妈妈是班长，现在我也是班长。现在努力学习，将来努力工作。我也要像我爸一样，让自己的名字书写在这本沉甸甸的泛着墨香的校史上！

3. 访校友

感受奋斗担当，培养学生的责任心走访校友，收集他们的基本信息，并让同学们与校友进行一次近距离的交流和对话，聆听校友的谆谆教诲，分享校友的人生经历，感悟校友的心路历程，共同探讨社会与人生发展的意义。这对于同学们来说，无疑是一次宝贵的学习与交流机会。对于校友而言，这也是了解母校发展状况，与当代高中生交流畅谈的好机会。当青春邂逅年华，当相距几十年的两代人直面对话，对学生会有不一样的启迪。

"走访校友"按五步操作。第一步，访前准备。做到"五备三定"："五备"是一备访谈对象、二备访谈问题、三备访谈工具、四备访谈预案、五备访谈主题。"三定"则是定访谈计划、定访谈分工、定访谈提纲。第二步，访中互动。

各小队依据特定情况自行组织适当的互动。如校友是企业家，可到车间亲身感受。对于条件允许的校友，如在梅城镇的，可安排时间邀请老校友一起重游母校，感受母校的变化。第三步，完成访谈。采访结束后与校友合影留念，完成专访稿及自己的心得，并整理照片或视频。第四步，制作校友访谈录。收录队友们写下的专访稿、校友的寄语和签名、采访照片以及队友采访心得，在校内进行宣传，扩大影响力，并以这些校友成功的经历激励鼓舞学生找到奋斗的目标及动力，奋勇向前。

（二）探究式育人路径运作

探究式育人路径是指利用校史教育馆提供项目与场所给学生以实验、体验和实践等活动去主动学习知识、掌握解决问题的方法与技能，架构自己的认知模型。主要通过拓碑文、寻古迹、走古道等活动实施。

（三）展示式育人路径运作

展示式育人路径是指通过演讲、报告、演出等展示活动，给学生提供对校史资料的提炼和融汇，让学生获得知识的同时，得到综合素质的全面发展。

基于校史的展示式育人路径包含三种主要途径：其一，构建大讲堂，通过讲述与聆听优秀事迹、报告、讲座等形式使学生深受熏陶；其二，通过学生自导自演的方式，将校史人物事迹重现，使学生以演员或者观众的身份沉浸到校史的濡染之中；其三，借助学科文化节这一平台，让学生在知识和思想层面获得校史教育带来的积极影响。

四、校史馆的推介

校史馆是中学开展校情、校史教育的重要基地，是展示学校办学历程和办学成果的重要窗口，是广大师生员工和校友的精神家园。校史馆的建成，意义重大。在校史办公室的宣传推广下，各年级在校学生纷纷利用课余时间参观校史馆，增进对学校的了解与认识。经推广，严中校史馆成为建德市首批中小学生研学基地，本市各中小学纷纷组织学生对校史馆进行参观学习，近两年的总接待人数达5万人次。目前，严中校史馆更是在进一步完善工作的基础上，积极与市教育局、社科院、旅游局等相关部门沟通配合，充分发挥校史馆在教育中的重要作用。

（一）推介主体

1. 师生推介

在校师生是负责校史推广的中坚力量。在校史办公室、校团委等的支持与配合下，校史馆已建成一支学生讲解员团队，能提供全面、深入、多语种的讲解。各单位均可在常规时间到馆参观。

2. 校友推介

校史馆有利于增强校友对母校的认同感和凝聚力，有利于吸引更多人关注学校的建设和发展，为学校建设创造更为有利的条件。自严中校史馆开馆以来，校友们纷纷回校参观，释放他们对母校满腔的眷念和深情以及反哺母校之恩。

3. 行政推介

校史馆也得到了各级领导的关注和支持，建德市委、市人大、市政府、市政协，市级各部门、镇党委政府对县域中学建设发展给予了重视和支持,各级市领导多次来指导和巡查校史馆的建设工作。同时,杭州市甚至浙江省各相关部门也纷纷参观考察严中校史馆,为校史馆的建设和提升给予了极大的支持。他们的肯定和重视也为严中校史馆的进一步完善与提升工作起了推动作用。以下是一些上级巡查记录。

(二) 推介途径

1. 接待推介

严中校史馆作为县域中学对外开放的"窗口",承担着展示形象、宣传文化、服务社会等重要职能。现在学校每年都会有多次家长会等学生、老师与家长共同探讨的活动,在介绍学校情况的时候,校史馆就成为必访之地,学校招生也经常用到校史馆作为宣传,开学季,很多学生和家长正是通过学校校史馆来了解学校的历史底蕴与教学水平、质量,从而做出择校选择。此外,校史馆也承担了众多校外领导、来宾、专家、学者的参观接待任务。通过这类展示宣传,扩大了学校的赞誉和知名度。总之,校史馆就是学校的门面,是对外宣传的金名片。

学习不能局限于课堂,更应走进生活,做到知行合一。研学之旅开阔了同学们的眼界,丰富了阅历,"读万卷书,不如行万里路"。最好的课堂在路上,最大的收获在心中,相信这次研学之旅将永远定格在同学们的记忆中。

2. 活动推介

让校史馆真正走进学校,走进师生,真正发挥其精神家园的作用。县域中学校史馆结合各种学校活动,举办了各种形式、不同主题的图片展和实物展,把精彩的校史信息送进师生中,经常给师生提供高质量的精神食粮,这种方式很受师生欢迎。每次同学们都认真听着讲解员的讲解,同时也提出自己的问题,这为他们扩大知识面起到了很好的作用。只有走进学校,才能倾听学校的呼声,了解师生的需求,建立起必要的联系。只有和老师交流,才能了解每个阶段学生的知识结构、文化需求、价值取向、素质状况等问题及校史馆在学生素质教育中所起的作用、师生对校史馆的期盼等,在与师生之间的相互交流、了解中,校史馆吸引了大批学生和家长,让他们真切感受县域中学和乡村古镇历史文化的博大精深,使校史馆的作用在教育领域得到长足的发挥,并产生深远的影响。

3. 情怀推介

校友们受到母校文化的深刻影响,即使在毕业后分散在各地,对母校的怀念始终如一。在这份怀念中,母校的文化常常是最容易触发情感的方面。而校史馆的建立为校友们提供了一个热爱母校、交流情感、宣泄思绪的平台。它成为了校友们精神力量的重要源泉之一。

4. 媒体推广

校史馆还利用中学公众号、电视台、快手、抖音等短视频平台对校史馆的情况和活动进行介绍与宣传,通告开馆时间和参观事宜。校史馆开放半年多就接待了一百多个单位或团体万余人次的参观,受到了众多领导、专家和校友的肯定,在省内外产生巨大影响,取得较好的社会反响,凝聚强大的校友力量,从而大大提振了县域中学的学校文化自信和办学信心,让社会各界看到了学校未来发展的希望。

第五章　乡村振兴背景下县域普通高中优化师资

第一节　转变教师育人理念

教师的理念需要与时俱进，也需要与学校整体发展相契合。县域中学的育人方式变革之于师资队伍的优化，首先是转变教师的育人理念。

一、县域中学师资发展的现状

《道德经》曰："善人者，不善人之师；不善人者，善人之资。"《说者》曰："善人，有不善人，然后善救之功著，故曰'资'。"师资指的就是能当教师的人才。一所学校师资发展的状况不仅看师资结构，还要关注教师业务能力水平和育人观念更新。以下从两个方面对县域中学师资发展的现状做具体分析。

（一）综合素养

教师作为履行教育教学职责的专业人员，其综合素养高低对学校育人产生巨大的影响，对县域中学教师综合素养的分析涉及师德素养、专业素养、学习素养、心理素养四个方面。

1. 师德素养

师德素养是教师素质的核心与灵魂。教师首先要具有完善的人格，要在思想境界、道德情操上堪为师表，以良好的师德风范影响学生。以人格影响人格，以素质造就素质。孔子有言："其身正，不令而行；其身不正，虽令不从。"教师的师德素养对学生有着潜移默化的熏陶作用，教师从事的是太阳底下最光辉的职业，肩负的是培养祖国未来建设者的神圣使命。

县域中学历来对师生的道德素养有高要求，倡导他们秉承"严以修身，实于做事"的校训，教师也十分注重自我修养，师德素养普遍较高。良好的师德素养对县域中学学生的道德意识有着积极作用，为他们未来的人生奠定基础。无论是老教师还是青年教师，都能做到爱岗敬业、吃苦耐劳，为学校、为学生甘于奉献。这样的踏实精神使学校涌现了一批师德高尚的模范教师，未曾出现过一例教师师风不良的事件。并且，涌现了一批省市级师德楷模、美丽教师、教育先进工作者，如省师德先进个人、市十佳美丽教师等。

2. 专业素养

教师是从事教育工作的专业人员，是学生学习活动的组织者和引导者，必须具备一定的专业知识素养。教师首先要对自己所教学科的内容有深入地了解，同时提升自己的学科素养乃至学科融通教学的能力。有言曰："资之深，则左右逢源。"一名教师的专业素养决定了一所学校育人的深度。

3. 学习素养

"教师的技巧，并不是一门需要天才的艺术，但它是一门需要学习才能掌握得专业。"苏联教育家马卡连柯如是说。学习是发展之本、进步之源，学习是教师发展进步的第一要务。育人方式改革对教师提出了更多、更高的要求，同时教师要熟悉和掌握的东西也越来越多，唯有加强学习，主动掌握新的知识技能，才能胜任本职工作。相对学生这些奔涌的后浪，教师应该是一条奔腾不息的河流。所以，教师要学为人先，与时俱进，生命不息，学习不止，做适应时代要求的学习型教师。

4. 心理素养

作为一名肩负着神圣育人使命的教师，必须认识到育人者必须先受教育的重要性。为了让学生具备优秀的心理素质，教师首先要克服自身的心理障碍，并具备一定的心理素养。这些素养包括豁达的心境、健全的性格、融洽的人际关系以及百折不挠的勇气。只有具备了这些积极的心理表现，教师才能带着积极的人生态度去影响和引导学生。

（二）育人理念

育人理念是育人主体在教育教学实践及教育思维活动中形成的对"育人应然"的理性认识和主观要求，包括育人宗旨、育人使命、育人目的、育人理想、育人目标、育人要求、育人原则等内容。它建立在教育教学规律基础之上，是理性认识的成果，是对育人现实的自觉反映。中学教师育人理念强调整体性，也存在差异，即不同的教师会呈现为不同的状态，既有可取之处，也有明显的缺陷。因此表现为积极与消极、发展与停滞两种对立面。

1. 积极与消极

中学倡导教师落实积极进取的育人理念，且多数教师在育人上表现出一定的积极性，他们愿意学习新理念，乐于接受新事物，也善于且乐于倾听。他们以生为本建构课堂，开展一切育人活动，这是积极育人的主要表现。也有一些教师表现出了消极的态度，表达了自己的困惑："教师是学校育人的参与者，更是课堂教学、日常教育的实施者，自身丰富的人生经验、生活经验是育人的出发点；对于学生的要求能满足则满足，对于一些不成熟的想法不应该过多地去迁就；育人的效果不佳，不如不说，有些问题无法解决不如告知其家长，也是尽到了育人的责任……"

2. 发展与停滞

青年教师是县域中学的重要群体，他们是师资队伍建设中的鲜活血液，也是各项工作开展与实施的主力军，更是育人的中坚力量。育人理念使他们持续发展，可能自身尚存在许多不足，但是他们乐于接受，不抵触改变。从人生的阶段来说，他们正经历着发展期向成熟期过渡；从教师的生涯来说，他们正处于专业成长与教师智慧发展的黄金阶段。学校也尤其关注他们的成长，"菁华班"新教师培养工程、青年骨干教师培养体系，正是基于这样的理念而形成与完善的。当然，也有部分教师的育人理念是相对停滞的。他们或认为育人的新理念以及新时代下的新事物不再是易于接受的；或是受教学经验的制约，僵化的思维成为他们转变的巨大障碍，不愿过多的改变。

二、改变教师的育人理念

基于育人方式变革，县域中学在教师理念的转变上，强调摆脱传统教学理念的钳制，发挥教师的积极主动性，特别是有效发挥青年骨干教师的作用，使其成为县域中学育人方式变革的中坚力量。

（一）育人理念转变的趋向

教育理念转变是基于对当下育人成功经验的总结与借鉴，是在县域中学育人的不断探索中归纳形成的产物，且与育人方式变革思路高度一致。县域中学的育人理念转变主要是从教师自身、学生主体、培育与评价三个方面出发的。

1. 改变自我

育人理念转变，首先从教师自身开始。教师成就感在于觉得自己是学生所需要的，是学生所感到亲切的，是能够给学生带来欢乐的。教师把学生看作天使，他便生活在天堂里；把学生看作魔鬼，他便生活在地狱中。相反，如果学生不喜欢自己，是因为自己还不够让学生喜欢。县域中学的"建德市十佳教师"蔡爱芳老师，被学生称呼为蔡妈妈，她视学生为自己的孩子，不仅关注他们的学习，也融进了他们的生活，耐心、信心、恒心是她不断展现给学生的。可见，要想有所改变，首先得改变自己；只有改变了自己，才可以最终改变属于自己的世界，才能影响、激励、改变学生。

2. 塑造学生

育人的本质是塑造学生。教师的真正本领不在于他是否会讲述知识，而在于是否能激发学生的学习动机，唤起学生的求知欲望，让他们兴趣盎然地参与到学习中来。县域中学在对教师教学评价的时候，十分关注学生学习兴趣培养的效果，同时做了大量的问卷调查与数据收集。学校引导教师对于学生的评价也是一样：不要一味地赞美；要意识到学生的差异化，若是小草，就让他装饰大地，若是参天大树，就让他成为栋梁之材。因此，学校从塑造学生的角度出发，指引教师在育人时遵循人才成长规律，关注学生成长与发展的每一点进步，帮助学生发现自己、肯定自己。

3. 敢于放手

放手不意味着放弃，反而是一种积极育人的态度。县域中学在此方面进行了许多有益的尝试，比如，主题值周活动，让学生参与到学校秩序的日常管理中；学生自管会，对班级卫生、早晚自习纪律以年级为单位交由学生进行自主监督与管理。此外，在班级常规工作中，给学生一些权利、一些机会，让他自己去体验。比如可选择的志愿服务活动；给学生一点困难，让他自己去解决，比如研究性学习活动；给学生一个问题，让他自己找答案；给学生一种条件，让他自己去锻炼；给学生一片空间，让他自己向前走。因此，育人要强调，教材、教室、学校并不是知识的唯一源泉，大自然、人类社会、丰富多彩的世界都是人生的教科书。

4. 善于赏识

赏识，有助于学生的成功；抱怨，可能会导致学生的失败。县域中学对于学生的评价,十分重视赏识的作用,比如评价中多采用展示性的评价,让学生获得更多人的赏识。在教育过程中,教师应当注重培养学生的自信心和快乐成长。为此,他们应该从多个角度和方面评价学生,善于发现并发挥学生的长处,了解他们的能力水平,考验他们的天资,巩固和鼓励他们的一切优点倾向,并帮助他们进一步发展这些优点。同时,教师也应该帮助学生认识到自己的长处并肯定自己。每个学生都希望自己能够成为成功者,因此他们期待着得到肯定和赞誉。无论失败或成功,他们最需要的是教师的安慰和鼓励,以及公正的评价和积极的肯定。教师的积极赏识可以减少学生失败后的灰心,增加他们成功后的信心。

(二) 育人理念转变的探索

落实教师育人理念的转变,首先从自身进行挖掘,进行有效的育人经验总结与学习;其次是借助外力,加强持续发展的育人理论学习。

1. 总结校本化育人经验

中学教师队伍中,有一批兼具丰富育人经验、较强时代敏锐感与积极进取精神的骨干教师。他们在日常育人活动中已积累了大量育人的经验,有成功,有挫折,有理性,有人文;相比许多外校典型育人成功案例来说,中学的育人经验是一种即插即用式的育人范例,在全校范围内开展征、集活动,从中筛选、整理、归纳、润色。

2. 学习持续发展的育人理论

引进育人理念,开展各种形式的学习活动;保持育人理论学习的持续性、发展性。其一,积极进行育人理论学习的规划,定期开展集中学习活动,学习理论知识和汲取总结的育人经验;引导教师适度利用课余时间进行有针对性的学习,并且定期对教师的学习进行考核与评价。其二,开展育人理论书籍阅读的主题季活动,如"简约课堂""刻意练习"等主题阅读活动,教师们撰写读后感,对自己的育人情况进行反思和未来育人进行遐想。其三,邀请知名的育人专家来校指导,举办讲座。

在实施上,育人理论学习的原动力还是来自教师本身,教师的成长和持续发展是理论与实践相结合的成果。教师育人理念的根本转变是,育人实践与反思的不断深入和育人理论不断深入学习的结果。

三、师资队伍的优化

师资队伍的优化，一是立足教师发展，二是坚持学生本位。师资队伍的优化，在狭义上指对教师队伍结构、教师能力、协作方式三个方面进行优化；但在广义上，除上述三个方面外，还包括培养学生，使其成为教学的重要组成部分。

（一）立足教师发展

基于中学教师队伍的现状分析和教师育人理念的转变策略，从推进育人方式变革的意图出发，研究并实践了师资队伍的提升对策，其中不乏创新点。

1. 培育年轻教师队伍

帮助新进教师适应新环境。除进行新老结对、师徒挂钩等常规措施外，主推多维度、全方位促进新教师发展的"菁华班"：定期进行集中研讨，如德育沙龙、教学困惑互助；组织校内新教师比武，如说课比赛、解题比赛、教学设计等；定期推荐自主式的理论学习，如批注式阅读、教育教学辩论会等。"菁华班"让众多新教师较快地摆脱教育教学浅水区的束缚，在思想上和行动上都逐渐走向了深刻。

2. 发展骨干教师队伍

重点培育青年骨干教师。创设教育科研核心组，使各学科组中优秀的青年教师代表汇集一堂；研究教育教学的新趋向，以理论学习武装头脑，指导教学实践；立足于相对丰富的教学经验，发挥其刻苦钻研的精神，向学科带头人的方向努力。

3. 探索导师组合路径

聚合各教师的特长、优势，提升课堂教学的整体水平，满足学生学习与发展的需求。基于选修课程建设的需要，引入导师制度，同时为满足学生持续发展的需求，并且努力提高课堂学习效率，对不同学科、不同定位的导师进行组合，并创新地加入了一些校外人员（学长、技术员）或者学生。家长、技术员、学生的加入使选修课程的实施主体大大丰富，有效提振了学生学习的信心，提高了学习的效率。随着导师组合的不断发展成熟，学校也迎来新的挑战，在改革中不断前行。

（二）发挥学生价值

师资队伍的优化是立足于学生为本的基础之上的：一方面，教师的发展应顺应学生发展的需求和学生自身表达的诉求；另一方面，设法从学生的维度出发，在锻炼学生能力的同时达到以教促学的目的。学生成为师资队伍中的有机组成部分，是坚持学生本位的师资队伍优化的重大创新。

1. 发挥学生导师职能

坚持学生本位就必须充分发挥学生导师的职能。学生导师是导师组合中的一环，和学生小助手、小老师有着质的区别：其一，学生导师参与导师们的集中备课，对课堂设计提出意见、建议，而学生小助手仅仅参与课堂教学前的预习任务布置；其二，学生导师职能中的重要部分是课堂教学中扮演讲解者、记录员的角色，但学生小助手仅仅是参与课堂教学的观察或辅助教师完成一些教学动作而非独自登场进行教学活动；其三，学生导师是以提升其自身能力为主要出发点，而学生小助手则是以辅助教师完成教学活动为目的。

2. 培养小导师

小导师是在学生导师的基础上发展而来，是在导师组合框架外在常规育人与教学情境下的一个相对更独立的个体，可以看作学生导师的升级或创新。小导师的培养进一步体现了学生本位的理念，更突出学生个体的重要性及其自身的持续发展需求，重点不在于教导和帮助其他同学的意义，而是在这个指导的过程中使自己获得成长价值。为有效地培养每一名小导师，学校为他们安排了结对教师，为他们私人定制成长方案，并定期开展小导师之间的交流活动，促进他们更快地成长。

第二节　开拓导师组合新思路

学校师资队伍的优化与发展，是不断研究与发掘教师潜力、反复探索与开拓师资力量提升新思路的过程。开拓导师组合新思路，即从学生的学习与发展需求出发，聚合具备不同特点、知识、技能的教师，实现学科内、学科外的融合。导师组合制度是基于选修课程建设成果与满足常规的国家基础性必修课程教学的需要，旨在提升课堂教学的整体水平。同时，为满足学生持续发展的需求并且提高课堂学习效率的初衷，尝试对不同学科、不同类型的导师进行不同的预设，依据不同功能与效果搭建不同的组合。特别是家长导师、技术导师、学生导师的加入使课程的实施内容与形式变得丰富，又灵活多变，有效提升了学生学习信心与学习效率。

一、导师组合的形成

导师组合的形成与发展自有其相对较长、不断演变的过程，以下从其缘起、发展、成型三个阶段进行叙述。

（一）缘起：导师组合的萌芽阶段

学校选修课程建设与实施中面临的困境，是导师组合萌芽的原点；而导师组合的探索，实现了选修课程的真正落地，提升了选修课的育人效果，开创了选修课实施的新路径。

1. 选修课程建设遭遇困境

基于区域内的教育教学资源，县域中学开发了一系列具有自己区域特色的校本选修课程，但也出现了一些问题，如学生对选修课的兴趣不升反降，许多精品课程开设困难。对此，学校进行了深入调查，发现了其中的症结所在。

（1）选修课程未能真正落地

选修课建设常常随着精品课程的评定而终结。然而，选修课建设不仅仅限于课程开发，更看重实施质量，更要让选修课程落地生根。

（2）选修课的育人效果欠佳

农村普通高中选修课的育人效果欠佳。选修课育人目标包含三点，即学生的关键能力、必备品格和正确的价值观。而当前多数学校依旧抱着升学目的，忽视了对学生的情感态度与价值观的培养。

2. 课程实施路径亟须创新

选修课的实施不同于必修课，对于教师的知识体系乃至跨学科知识领域的能力提出了一定的要求。而教师的能力并不能在短时间内实现质的提升，这就亟须创新选修课程的实施路径。

3. 探索选修课实施新路径

起初，学校构建了这样的课程实施路径：将选修课程的教学分成若干板块，不同板块选择适合教学的教师，开展符合他们特点的教学活动，同时也让学生充满新鲜感，提高学习的积极性与效率。然而，这对学校的师资力量的调配来说是一种巨大的挑战：部分教师业务繁忙，分身乏术；学生的选课也很不平衡，课程之间人员调配困难。

而"乡村志愿者"选修课程的实施，带来了选修课实施路径再优化的契机。乡村服务站的创设，让一些技术人员、家长与学校、教师形成联系的纽带：家校沟通、校外合作使他们在培育学生的过程中形成了良好的默契。于是，在导师制的基础上发展校内外导师合作育人、合作授课的设想浮出了水面。

在"乡村志愿者"选修课实施路径上，学校尝试了以教师、学生家长、专业技术人员、优秀学生等组成导师团队，并依托乡村服务站落实选修课教学。这样的导师团队即为"导师组合"，这样的教育教学制度被称为"导师组合制"。在第一阶段，为克服部分选修课跨学科教学的难题，选择部分课时进行多教师同台授课，取得了不错的效果；在第二阶段，引入学生家长、校外技术导师辅助活动或者教学，初探了导师的跨界组合；在第三阶段，引入学生导师，真正意义上达成以学生为主体，适应学生全面持续发展的目标，增强了学生的主体意识、责任意识，激发了学习积极性，促进了课程的落地，并强化了育人效果。为适应不同类型的选修课及乡村服务站，县域中学已探索了"一生一家长式""一生一师一技术员式""一生一师一家长式"等不同的导师组合，有效发挥了学生、教师、家长、技术员各自的特长。

但是，导师组合的组合与方式研究需要完善。区别于"乡村志愿者"选修课程，其他的选修课和常规的必修课仅以三种简单的导师组合式进行适配显然不切实际。因此，导师组合在"乡村志愿者"课程中的成功探索转变成全面推广的样本，还需要一个相对漫长的发展阶段。

（二）发展：导师组合的蝶变阶段

蝶变意味着质变与飞跃，导师组合的蝶变是从学校育人领域就师资角度的巨大创新举措的成功、实质性地推进。它基于理念的革新、改革的践行、体系的完善。

1. 理念引领

大课堂理念是切合县域中学选修课程发展的基础理念，强调选修课堂形式的灵活多变，校外实践课堂、"校内大走班"课堂是其中的亮点，即只要有学习活动的地方便是课堂存在的地方。有效利用与选修课程匹配的学习平台，最有代表性的就是乡村服务站。在大课堂的基础之上，导师组合便有了发展的空间、时间、人员等条件。

2. 改革推进

以课堂改革的践行实现真正意义上的导师组合进课堂。导师组合由校外选修课教学迁移到校内课堂教学，实现导师组合教学和常规教学相结合。改革推进的关键在于两点，一是教学内容的整合，二是课堂导师组合的运作。在教学内容整合上，除学科自身要求的知识目标、能力目标之外，要有与学科特点相对应的农村生产、建设与发展相关的知识目标、技能目标，甚至是情感目标（乡土情结），而且，教学内容必须体现育人方式改革导向。

在课堂导师组合的运作上，每学科每本书设计2~3节课的导师组合教学形式。

导师组合依据课型实现了组合形式和实施形式的多样化，并更加侧重于发挥学生导师的重要作用。校内的必修与基础性选修课程可通过学科内和跨学科教师与学生导师构成导师组合的实施，适时邀请校外导师参与。实施过程中，学科组长和备课组长定期组织教师研课、磨课与改进，完成较为成熟的课型和操作。

3. 体系完善

导师组合不是孤立的，它的实施不可缺少各科课程（必修+选修十自主开发的校本课程）、教学平台（除教室外的其他课堂载体，例如县域中学的特色——平板系统、乡村服务站）、富于变化的教学实施主体。此外，也不可缺少相应的对导师组合教学的评价系统。以上四个方面共同构成了导师组合的实施与运作体系，可谓"四位一体"。

就评价方面而言，重点在于改变传统的评价方式，构建一个相对多元化的评价体系。让生生评价成为课堂评价中的常态，让合作评价、共同评价成为趋势。引入由教师、学生、家长、专业人员参与的课堂质量评价综合团队——质量评审团，并对于导师组合的课堂教学进行有效的教学观察与评价。在评价过程中，需要评价人对导师组合教学的一些项目进行评价，并商讨形成统一规范的"导师组合课堂质量评审量化表"。

（三）成型：导师组合的成熟阶段

导师组合成熟的标志是形成适应必修课、选修课各自特色的导师组合实施路径，且在不同的课程之间（即便同是选修课，但课程内容不同）采用不同的导师组合。指向导师组合的全面发展，在选修课和必修课领域形成不同的典型范例。

1. 明确课堂操作的基本模式

导师组合课堂操作的基本模式具有共性与普遍性，适用于选修课与必修课的课堂。它以"课堂操作基本模板"的形式呈现，其制定人员主要是几位具有"乡村志愿者"课程开发与教学经验的骨干教师。"课堂操作基本模板"经多次教师教学实践的检验、课堂教学改革小组的一致认可，最后向全校教师推广、学习。

2. 完善导师组合分类与运作

逐步形成并完善导师组合的分类机制与运作方式。在导师组合的分类细化程度上，达成在同一课程不同课时内容的前提下，采用不同的导师组合类型的目标，形成完善的导师组合分类方法和具体类型。在导师组合的运作上，形成每种不同的导师组合类型对应一种相契合的运作方式。

3. 形成导师组合的教学范例

导师组合的教学范例具有推广价值。而"导师组合课研究月"的成功落幕是中学在"导师组合进课堂"取得的关键性成功，也标志着导师组合的最终成型。从成型到成熟的过程中虽然经历了曲折，但在必修与选修课中，学校在涉及各个学科的课例当中找出了典型、示范性的导师组合运用范例，供其他教师交流、参考与学习。下面的导师组合范例，以历史学科的一次导师组合运用为例。

二、导师组合的内涵

导师组合的内涵主要涉及导师组合的概念及意义、导师组合的分类方式、组合类型与导师组合保障四个方面。

（一）概念及意义

1. 基本概念

导师组合指为满足不同课程及课程相应的实践活动的需要，由具有一定理论知识和实践经验的学生、老师、家长与技术人员等成立导师小组并共同实施课程教学的创新形式。

2. 主要意义

导师组合的意义在于两个方面：一是增强课程教学的灵活性，使其与学校的育人方式变革的出发点相契合；二是提升学生学习的自主性，让学生有更多的自我创造性的学习与实践机会，使其不断自我磨研。而就县域中学的必修、选修课程实施路径而言，其实践价值在于逐步形成课程教学的新样式，填补"导师制度"在普通高中课程实施中的空白，并且在学校育人的大环境下实现了创新的形式。

（二）分类方式

导师组合的分类方式原本应是灵活自由的，为避免出现近似的导师组合类型难以归类的情况，学校采用了三种不同的分类方式，在统一分类维度下，使导师组合呈现为两种截然对立的类型。经过反复的研究和期待，学校主要按导师组合中的导师功能、导师来源和导师关系三个维度来对导师组合进行不同的分类，即形成了三种不同的分类方式。

（三）组合类型

从导师功能、导师来源、导师关系三角度切入，形成"两两一组"的六种组合方法。具体表现为：从导师功能角度分为"首席型导师组合和对等型导师组合"；从导师来源角度分为"预设型导师组合和即兴型导师组合"；从导师关系角度分为"合作型导师组合和竞争型导师组合"。

1. 功能取向

首席型和对等型的导师组合功能取向是根据导师的功能分类而确定导师组合的方式，分首席型和对等型两种类型。

（1）首席型导师组合

首席型导师组合指由某位导师担任首席角色，其他导师辅助的导师组合形式。它多为"1+N"形式，即"首席导师+教师导师或学生导师或家长导师或技术导师…"便于发挥关键导师的核心作用。

（2）对等型导师组合

对等型导师组合是指保持所有导师职责、权利、义务对等的运作方式，旨在激活学生导师的积极性和其他导师的责任感。它多为"A—B—C……"的形式，即"教师导师—学生导师—技术导师—家长导师……"

2. 生成导向

预设型和即兴型的导师组合

生成导向是根据导师的生成方法来确定导师组合的方式，分预设型和即兴型两种类型。

（1）预设型导师组合

预设型导师组合旨在保障教学活动稳定、高效，是指所有导师共同备课，一同设计教学活动，商议、协调并完成各自的数学任务的运作形式。

（2）学科规划

以学科组为单位集中研讨教材，结合本学科教学的特点与学生成长目标的需要，对本学科导师组合课提前进行规划，制定各学科独有的导师组合课教学建议表，供广大教师参照准备。以下列举数学、英语、地理学科的导师组合规划。

第六章 乡村振兴背景下县域普通高中德育新模式

第一节 "综合导师制"——为学生成长、成才引路

一、"综合导师制"是加强和改进未成年人思想道德建设的有效载体

在促进每一位学生和谐健康成长的的教育理念下,"综合导师制"将需要更多关心学生的思想教育任务分配给导师,使更多的教师能够关心并指导学生思想、生活、心理健康以及学业。这种模式既管理又引导,推动学生思想工作的新模式发展。作为一种全新的教育管理制度,它对传统的单一班主任制进行了超越和完善。

在保持班主任制中班级核心管理者的同时,"综合导师制"赋予了包括任课教师在内的相关教育工作者、管理人员和服务人员对学生进行教育管理的职能。它建立了一套调动各方面积极性、充分利用学校一切教育资源的制度和机制,是对班级工作的加强而不是削弱。

"综合导师制"的出发点在于为学生整体成长发展提供学习支持与心理支持,关注学生的精神生活质量与个性化学习需求。学习支持包括培养学生的能力、保护学生的兴趣、安排具有挑战性的学习机会,使被指导者在行动中得到训练;心理支持则包括作为朋友的角色,为被指导者提供积极的关心与认可,并创造一种能让被指导者表达焦虑和担心的渠道。这种指导关系的获益往往是双方的,被指导人往往可以从中学习到知识,并得到拓展人际关系方面的训练,导师则可以从指导过程中获得一些学科最新发展的信息,并且激发工作的创造力。

具体措施:

1. 以"超市"模式,从学生个人成长需求角度出发,认定导师和受导的学生,实现双向互动选择,重点是特别需要关心的学生。

诸如，有些学生的父亲外出打工，由母亲教育；有些学生的家长外出打工，小孩隔代或委托寄养，家庭无力承担对子女的思想教育；单亲、重组家庭子女，特别缺乏倾诉对象和渠道的学生；学习困难，家庭教育又不得法，从而不同程度地厌学的学生；青春期困惑的学生；与社会不良少年接触且缺乏自我控制能力的学生；优点与缺点都很明显的学生等等。这些学生有的可能有主动要求导师的愿望，也有的需要导师主动关心。所以可以是导师与学生双向选择，也可以是根据需要学校安排。从班级管理角度，有些学生群体特别需要关注，例如学生社团组织，住校生，综合实践活动和实习活动中的学生群体，学生自发形成的非正式群体，如对某些活动、行为、特长特别感兴趣的学生群体等等。这些学生的指导，对形成良好的学校和班级育人氛围，具有非常重要的作用，因此导师一般需要统一研究安排。

2. 完善管理制度，实行主任导师负责下的导师组工作制，保障导师制顺利实施。

3. 依托校本教研，提升导师队伍的素质，使其不但具备高尚的师德，自愿为学生的成长护航，而且掌握心理健康教育的必需知识，善于倾听学生的真实想法，理解学生的现实需求。

4. 以平等对话架构师生交流。师生间除了平时的教学活动，接触并不多，尤其是不承担教学任务的导师，这样，"导"之工作就像失去了土地的农民之技艺，有力用不上。而机制性的对话交流能够有效突破这一点，让学生体会到导师对他们的关怀。

（1）多样化形式，创设"平等对话"的环境。"交流"，毫无疑义地是大家要说话，说"心里话"，才能达到"导"的目的。为了实现这一目的，交流形式应避免单一。比如说，时间虽然是固定的，但地点可以给予不同的变化——天气好时，可以让学生在教室外（操场、休闲场所等）；天气不好时，对于住校的教师，可以让学生在导师的家里。师生间可以海阔天空地攀谈，也可以借助一定的载体共娱共乐。总之，应尽量避开教室或办公室等潜意识的不自在环境，尽力地让学生在宽松环境下交流。这样，他们有话—特别是"心里话"，也就愿意大胆倾吐，希望获得帮助。因为他们感到：导师是在真正地关心他们，就像他们的真心朋友一样，有了倾诉心里话的欲望。这样，交流也就真正成为他们学习生活中的一种需要，而不是一件"遗憾"之事。

（2）真心关爱，激活"平等对话"的因子。现在的学生，如果你说："有话对父母说"，他会摇头；如果你说："有话对朋友讲"，他也会摇头；如果你说："有话对老师说"，他还是会摇头，或者明显有犹豫不决之意。为什么会这样呢？要理解这一点也不难，在他们的现实生活中，他们所感悟到的是：父母的不理解、朋友的不可信、老师的太教条等等，一句话：很难说可以完全信任！而我们也知道："综合导师制"的目的，就是要让学生有一个倾诉的机会，以调节释放学习过程所带来的紧张心理压力，更好地投入学习。但每一个学生的成长因素、思维方式的不同，这种"渴望"也不同。如何让他们都能自觉自愿地"释放"这种压力呢？虽然，平等是此时此刻的学生最"渴望"的，也唯有"平等对话"，才能以心交心，以心换心，可怎样的对话才算是"平等对话"呢？那就是"真心关爱"，让学生真正感到你对他的关爱是由衷的，使自己成为受导生们的好朋友。这样，"导"看似直接介入学生的思想工作管理之事，也就成了"导师"与"受导生"之间的一种共同需要。

（3）学会关注学习生活，丰富"平等对话"的内涵。学生生活，自然离不开"如何学习"，与学生交流，自然大量的会与学生的学习有关。显然我不能给予什么直接帮助，但他却常与我谈起他学习中的一些"困惑"。为此，我们不宜回避他们学习中的困惑问题，而应主动在他们的"月报"基础上，给予他们在学习品质、习惯和策略上大量地关注，不失时机地与他们谈一些做人的道理，处世的一些经验，使学生愿意主动说他学习生活中的点点滴滴。并提出合乎学生实情的一些个人见解，使他们认识到学习不在一时一地，以及你这次考多少，下一次又必须考多少，而更重要的是你能否持续稳定地保持一种"状态"，一种最佳的学习"求知欲望"。

学会了解他人，学会从成功者的生活实际中，认识自己，关注已有的成功经验！

富有亲情化、个性化的导师制度是德育工作增强实效性的有效途径。主任导师与导师相互通报和及时了解学生情况，有针对性地做好学生管理工作，形成管理学生的有效机制，"切实把德育做到学生的心里去"。导师们各展所长，视学生如亲人，对贫困者慷慨资助，对学习困难者热情帮助，对思想和心理有障碍者耐心开导，谈心交心，参与学生各种活动。被导学生的个人、家庭、学习、身体、成绩等情况清清楚楚，每次的谈心记录、每人的学习计划、个人奋斗目标，点点滴滴全部详细记录在册。这些学生都像他的孩子一样，他不仅要及时帮助他们解放思想上的困惑和排除心理障碍，从思想上、学习上、生活上全面关心学生，还要帮助他们树立正确的世界观、人生观和价值观，指导他们根据社会需要和自身的兴趣、特点，正确认识自己，合理定位，确定成才发展方向，提高综合素质。

"综合导师制"，改变了以往学生思想工作心理健康教育工作只靠班主任和德育处承担的局限性和片面性，扩大了学校德育工作队伍，提高了德育导师的德育工作能力，加强了德育工作力量，有力推动全员育人格局的形成。由于受导学生的情况复杂多变，迫使德育导师不断提高自身的德育工作水平与能力,以便更好地引导学生。

"综合导师制",改变了以往任课教师只管教、不管导的状况,促进了每个教师由"学业导师"向"人生导师"的转变。实行导师制,任课老师成了德育工作导师,既教书又育人,既管教又管导,一改过去专业教师只关心学生学业的弊端,不仅指导学生学业,还关心学生的思想、心理、生活,这种新的教育模式,极大地促进了学生综合素质的提高。拓宽了任课教师的责任空间,极大地激发了任课教师的责任感和创造力,使他们发挥出更大的潜能。教师也从居高临下地说教者,变成学生的朋友、顾问、参谋、智囊,他们的目光从课堂教学扩大到课堂管理、学生工作上,提升了课任教师在学生心目中的形象,能赢得更多学生的尊重和学生家长的沟通。可以说德育导师制架起了师生间的"心灵桥梁",同时也给了学生信任任何一位教师的亲切感。

"综合导师制"融洽了师生关系,使学生得到了思想引导、学习辅导、生活指导和心理疏导,促进了学生综合素质的提高,使关爱每一位学生由口号转变为积极的实践。在平时的施导过程中,导师亲密关注受导学生的思想、品德、行为上的细节表现,帮助、指导受导学生形成良好的思想道德品质和行为习惯,关心受导学生的身心健康,对受导学生进行心理疏导和健康指导,关心受导学生的学业进步及个性特长发展,指导学生改进学习方法,提高学习能力。指导受导学生合理安排课余生活,引导受导学生参加积极向上的文化娱乐活动,经常与受导学生家长及其他科任教师沟通,全面了解学生的成长过程中的各方面表现。随之,路上和教师打招呼的学生多了,教师节给老师祝福的学生多了,学生与老师之间的关系纳入了良性循环的轨道。

"通过推行'综合导师制',我们将把更多需要关注的学生思想教育任务分配给德育导师,旨在让更多的教师关心并指导学生在思想、生活、心理健康和学习方面的成长。此举将充分挖掘教师和学生在教育和成长过程中的积极性和内在潜力,进一步发挥双方的创造性。"

使我们的德育工作从"独唱""组唱"走向"大合唱",真正形成"教师人人都是导师,学生个个受到关爱"的育人环境,形成全员育人、全面育人、全体育人,全程育人的良好育人模式,是全员导师制的育人模式。导师承担对学生日常行为管理的部分责任,做到真正意义上的全员管理。导师的职责是一岗两职:一是教学指导,二是班级管理。导师传授学科知识,负责学生的教育、管理、学业评价。关注学生的身心健康,管理课堂秩序。导师为每个学生建立管理档案。

同时,学生有机会选择理想的导师和自己感兴趣的学科,使学生学习和管理更加科学化，更加完善。和班主任制一道，构建了完整的工作体系，学生思想政治教育由过去的"距离"

教育变为"贴近"教育，由粗放式的管理变为细致的引导，使每位学生都能够得到导师全方位的指导。在这里，从课堂到课外，从理性到个性，从专业到思想，形成了一个纵横交错的立体教育网络。德育在人才塑造工程中被摆在了一个极其显眼的位置，改变了"说起来重要，做起来次要，忙起来不要"的尴尬地位。学校德育和智育也不再被"真空带"剥离。这种重视个体、强调个性的学校德育模式更好地适应了学生心理发展的需求。

但值得注意的是，个性化、亲情化的德育模式容易被学生接受，其中的度却很难把握。处理不当，导师容易被推上"准亲人"的角色，产生解脱不了的依恋感。因此，要培养学生自警、自诫、自励等自我教育的方法，使学生在陶冶情操、磨砺意志的过程中形成"不教之教"的自律，要尽可能地让学生独立地生活，让学生自己时刻能够反省自己的言行举止，不断地完善自我。

新课程将改变学生的学习生活，新课程也将改变教师的教学生活。新课程中的学生可能会改变他们的一生，新课程中的教师也将焕发出新的生命。教师将与新课程同行，将与学生共同成长。

第二节　"综合导师制"——导师的角色定位和素质要求

随着我校综合导师制的不断推广与深入，导师在推动我校德育工作新局面中发挥了积极作用，但其中也有许多问题值得我们去思考，比如对导师角色定位和素质要求的认识。根据综合导师制的特点与我们的实践，首先要对导师角色和素质要求有个正确定位。

角色，原意为面具，指演员在戏剧中扮演的具有一定性格的人物，后来人们用"角色"一词来表征社会具有某种行为规范和行为模式的人及其由此带来的特定身份和功能。从综合导师制的工作流程看，导师的角色主要有：

设计者：导师要根据教育目标和受导学生的特点，选择教育方法与方式，设计教育过程，设计导师与受导学生之间的相互作用。作为设计者，导师要考虑三个问题：教育目标是什么？选择什么样的教育策略和教育方法来实现这一目标？选择什么样的测验手段来检验教育效果？例如：我校的导师根据上面的三个问题，设计了受导学生的静态档案与动态档案。根据预先的设计，有条不紊、循序渐进地开展教育工作。使工作目的明确，过程清晰，效果明显。

指导者：在教育过程中，指导者有两种类型。一种是指导师按照自己的计划和方案，主动向学生提供信息和指导，这种行为类似于传统教育中教师的角色。另一种是学生在面对特定问题情境时，可能会遇到信息不足的情况，此时学生需要主动向导师寻求信息，这种行为中，学生更为积极主动。在综合导师制中，更倾向于采用第二种指导方式，因为第一种指导方式带有较强的行政命令色彩，可能引起学生的反感。

促进者：导师的职责不仅限于提供指导和信息，更重要的是要通过激发学生的学习动机、提供学习支架、给予必要的辅导和支持、示范等方式，促进学生更深入地学习。随着学生学习能力的提高，教师的支持应逐渐减少，使学生能够独立自主地学习。

组织者和管理者：导师要进行教育环境的控制和管理，组织教育过程，处理教育程中的偶发事件。受导学生所处的环境是开放的而不是封闭的，是复杂的而不是单纯的。几乎每位受导学生在受导的过程中，都存在着反复现象，而造成这一问题，除受导学生本身的意志力薄弱外，很大因素是受道外部不良环境的影响。此时的导师就是一个组织者和管理者。

伙伴：导师要与学生建立融洽的关系。了解学生的需要、学习特点、兴趣、个性爱好等，以保证做到因材施教；另外，在教育过程中，教师也可以以平等的身份与学生进行讨论和合作，共同解决问题。此时的教师，必须进行角色转换，千万不要认为自己是教师，而应认为是朋友。

反思者和研究者：导师要不断对自己的教育进行反思和评价，分析其中的不足，提出改进方案；另外，导师还要从事一些与自己的教育有关的科学研究，从理论上提高自己的业务水平。

导师的角色在德育过程中，有其不可或缺的功能，甚至对学校行政处理学生事物问题而言，倘若没有导师充当第一线的了解和安置，每一件问题都直接进入德育处或校长室，对问题的澄清和解决不但没有帮助，还会造成人力欠缺困境，更不利于学生心理的良性疏导。

导师在管理班级时所采用的工作方法和策略，以及对管理过程中的掌控和把握的适时性和适度性，对班级管理至关重要。同时，在有效履行班级日常管理的基础上，导师若能迅速关注并妥善处理某些细节问题所带来的影响，将对班级管理产生巨大的助益。正如陶行知先生所言："真正的教育是心与心的交流活动"。因此，塑造人格必须以人格来实现，点燃情感需要以情感来点燃，而培养能力只有通过能力的实践才能实现。

这就对导师尤其是主任导师自身的素质提出了更高的要求。从综合导师制的特点与要求看，教师的素质要求主要有：

一、导师自身的语言和仪表效应

导师的工作涉及以自身整体人格形象对学生进行教育和影响。导师在学生心中的形象，通过仪表和语言无声地传递着文明与美，并塑造学生对人生、真善美以及热爱生活的理解。举例来说，鲁迅先生在仙台求学时的老师藤野先生，虽然他心地善良、治学严谨、对学生倾注了无尽的教诲，但由于常常衣冠不整，却遭到本国学生的嘲笑。这个例子突出了导师仪表形象所具有的潜在教育功能以及对教师魅力的影响。

导师应当通过使用文明礼貌的语言和批评用语，展现出语言的艺术魅力。例如，使用"你好、谢谢、对不起、再见"等礼貌用语，以及用"不好"代替"坏"，用"不正确"代替"错误"等批评用语，可以让学生感受到导师的善解人意、亲切友好，提升导师的职业修养和亲近的形象，使学生将其视为知心朋友。特别是对于当前这个年龄段的学生而言，他们正处于"热衷效仿"的阶段，导师仪表和语言的效应能够潜移默化地起到教育影响。

二、刚柔相济的互补效应

在教育管理过程中，对于学生的不当行为，适当的处罚是一种有效的纠正手段。然而，必须明确，处罚只是一种手段，而非目的。在实施处罚时，应注重学生的个体差异和行为的具体情况，考虑其性格、家庭背景、学习压力等因素，避免简单粗暴的处理方式。

同时，我们强调对学生的说服教育，通过深入了解学生的内心世界，引导他们正确认识自己的错误，激发他们的自我意识和自我约束能力。对于学生的错误，应采取适当的"柔性"教育方式，如私下谈话、适度宽容等，帮助学生从内心真正认识到自己的错误，并积极改正。

此外，对于学生的问题，导师不仅需要关注其表面行为，更需要深入了解其背后的原因。只有在充分了解学生情况的基础上，才能采取更为恰当的教育方式，达到更好的教育效果。因此，在教育过程中，我们需要综合运用各种手段，刚柔并济，以实现更好的教育效果。

三、性别差异的正面效应

常言道：男女搭配，干活不累。可见，由于性别差异，无论是男人还是女人。都有在异性面前显示出自己才能，遮盖其不足之处的心理。现阶段的高中生正处在青春期，男女同学之间的相互关注客观存在，他们有的希望在异性同学面前展示自己的才华，有的希望张扬自己的个性，而相当一部分同学虽然没有多少才华来展示自己，但是他们在异性同学面前总是能尽量克服自己的许多不良行为，主动关心和帮助别人，努力做好各种事务，维护自己的良好形象。主任导师在进行班级统筹管理的过程中，若能有意识地利用这种性别差异的正面效应有目的地将男女同学适当搭配来安排班内的各种管理工作，班级管理将收到意想不到的效果。

四、个别学生以"点"带"面"的负效应

在每个班级中，都会存在一些表现特别突出的学生，他们对班级管理和运作会产生重大影响。这种影响有好的一面，但也可能会带来不利的后果。有时，这种影响力会让班主任难以掌控。例如，在一次全校歌咏比赛上，某个班级的全体同学排成整齐的队伍上台表演，但其中一两个学生在上台后总是左顾右盼，还频繁对台下同学做鬼脸，这导致班内其他同学效仿，整个队伍的表现效果随之受影响，这次比赛的结果也因此不尽如人意。因此，班主任在平时的工作中不能忽视少数学生所带来的"点"带动"面"的负面影响力。对于特殊场合可能发生的个别学生行为，班主任必须提前充分估计并制定相应的应对策略，以认真预防并避免因此导致的整个班级声誉受损的情况。在任何时候，班主任都应对学生进行细心的观察和管理，尤其在重大场合下，要更加严格地控制学生的行为，以保证班级的整体形象和荣誉不受损害。

五、个别教育与整体教育的适效、适时效应

个别教育对象主要包括个别或少数学生，而整体教育对象通常面向大多数学生。如果教育的对象不同，并且时机把握不当，那么教育的效果也会有所不同。一个好的事件或好的成绩，主任导师应该随时大力宣传并及时给予表扬奖励。但如果主任导师

未能恰当地把握对"个别"和"全体"学生教育的时机和对象，其教育的效果可能会适得其反。

例如，某班级的五六名同学因在寝室打牌被管理员发现，并将此事告知了主任导师。主任导师随即前往寝室将他们全部带回教室，并在班内对他们这种严重的行为进行了严厉的批评和愤怒的斥责。然而，当主任导师的"演讲"结束后，学生们虽然不得不听从他的训话，但脸上却流露出极不情愿的表情。后来有学生私下对主任导师说："老师，我们并没有打牌，你为什么要对我们发脾气呢？"

通过这件事，我们深刻认识到，导师在教育学生时必须考虑教育的实际效果，并应特别注意选择教育的对象和时机。我们不能将所有问题都归咎于每个学生，否则可能产生相反的教育效果。

六、特殊结构班级的特殊效应

如何培养和树立起学生的集体观念、增强班集体的凝聚力成了这种班级的主任导师首先必须考虑的问题之一。

具体做法是：

（1）加强班内的制度化管理，使之从强化逐步过渡到自律。

（2）加强班级之间的联系，相互开展活动，使有才能的学生能有机会展示自己，增强其自信心。

（3）突出特殊班级的优势效应，鼓励学生在特殊的场合树立起勇争先进的信心。

（4）在班内引入各种适当的竞争激励机制，使大家感觉有奔头、有压力、有动力。增强各个小组，团体的凝聚力，在全班形成一个比、学、赶、帮、超的竞争环境。

七、以心换心的回流效应

陶行知先生强调，作为办训育的人员，应摒弃侦探式的手段和法官式的面孔，转而与学生共同生活、分享甘苦，成为他们的朋友，并协助他们在积极的活动中前行。为了真正走进学生的内心，导师需要实现以心换心的交流，并进一步调节自己的教育步伐和教育手段。

关于如何实现以心换心的方式方法有很多，其中周记的回流效应被视为一个良好的切入点。在周记里，许多学生会向导师展示自己的内心世界，诉说那些不希望被外界知道的秘密，并渴望得到导师的理解和帮助。如果导师能充分利用这一机会，以长者或朋友的身份给予回应，耐心回答学生的每一个问题，并在日后的工作中持续关注并为其排忧解难，学生将会对导师产生深深的信任和敬爱，这种无声的语言所换来的教育效应是许多当众的说教无法比拟的。

此外，作为导师，与学生相处的真诚平等至关重要。带着一颗平等心走进学生，您会发现柳暗花明又一村的境界。正如陶行知先生所说："如果你变成小孩子，你会有惊人的奇迹出现：师生立刻成为朋友，学校立刻成为乐园；您会感觉自己是和小孩子一般儿大，一起玩耍、一起工作，谁也不觉得您是先生，您便成了真正的先生。"回顾我们的教育教学过程，当师生是朋友的时候，当导师以一颗平等之心处于他们中间时，往往是我们教学最流畅的时候，也是自己最满意的时候。陶行知先生曾说："人们只知道先生感化学生、锻炼学生，却不知道学生也在感化、锻炼先生。与青年相处的过程中，不知不觉地，导师的精神会年轻几岁，这是导师受学生的感化。"也许这就是所说的境界吧！

总之在班级管理过程中，导师的管理方法、策略和技巧多种多样。只要导师在其抓好各方面管理工作的同时，能适时、适度、适地地发现和处理好一些细节问题，其管理的效果将会事半功倍。

第三节 了解和研究学生是做好"综合导师制"工作的前提

综合导师的工作对象是有思想、有自尊心的学生。实践证明，要做好班级工作，必须从了解和研究学生着手。了解和研究学生，包括了解学生个体和集体两个方面。导师需要了解和研究学生个体的思想品质、学业成绩、兴趣爱好、特长、性格特征、成长经历以及家庭情况、社、会环境等等。对学生个体进行综合了解、全面分析就能够了解学生集体。了解学生集体，除德、智、体、美、劳几方面的情况外，还要重视研究班集体的发展情况、干部状况等。具体方法可从以下六个方面入手。

一、要充满爱心和信任

要深入了解和研究学生，首要的道德规范是怀有热爱和信任之心。从学生的心理需求角度来看，他们最渴望得到的是关爱和信任。学生在一个充满爱和信任的环境中成长，会更加健康和快乐。如果导师能够真诚地热爱和信任学生，学生会将你视为知己，愿意向你倾诉心事，寻求建议和帮助，而你也能更好地了解学生的个性特点、兴趣爱好等，从而找到更合适的教育方式。导师应该一视同仁地对待所有学生，关注每个学生的优点和长处。特别是对于表现稍逊的学生，当他们取得任何进步，不论多么微小，都应及时给予表扬和肯定，帮助他们建立自信心，并促进他们向良好的方向发展。

二、要熟悉每个学生

学生良好的学习与生活情绪在很大程度上源于师生之间的良好情感交流。因此，导师应该投入一定的时间与学生进行接触。如果导师始终以权威者的形象出现在学生面前，即使是一个学期或一个学年，也可能难以熟悉自己的学生，更不用说根据实际情况开展教育。如果导师能够在短时间内了解学生的各方面情况，包括他们的性格特征、兴趣爱好等，这将有助于建立良好的师生关系，从而能够顺利地对学生开展各方面的教育工作。

三、要善于观察学生

在学习和生活中，学生的言行必然会展现出他们的真实行为和思想。因此，要深入了解学生的内心世界，必须经过长时间的、不动声色地观察，并进行多方面的验证。导师在观察学生时，应注意有目的、有计划、有针对性地进行，避免主观臆断，以免对学生心灵造成伤害。只有这样，我们才能掌握第一手材料，并在此基础上采取灵活有效的教育方法。

四、要与学生交心

导师应定期深入学生的学习与校内外生活，通过广泛的接触了解学生的内心世界与思想动态，扮演知心朋友的角色，协助他们克服学习生活中的困难。在与学生的交流中，导师需要精心选择适当的方式、技巧以及态度，并营造适宜的氛围，以消除学生的紧张拘束感，使学生能够无所顾忌地倾吐真实的心理活动。只有通过全面的分析研究，导师才能精准地提供相应的帮助和教育。

五、要重视学生的书面材料

学生的书面材料是导师了解和研究学生有力凭证。学生日常的作业与日记最能反映学生的情况。尽管学生的个性心理差异较大，但也有共性方面。他们处于世界观、人生观形成的过渡时期，可塑性大。导师可根据掌握的第一手材料，不失时机地引导、说服和感化他们。研究学生的书面材料要建立在对学生尊重、信赖的基础上。发现问题要认真研究分析其产生的内因和外因，找出解决问题的办法。

六、要争取班干、家长和社会的配合

要了解和研究学生，就不可忽视外在因素对学生的影响。学生生活环境主要是学校，但社会环境和家庭环境对学生的影响有时甚于学校教育。学生成长期正是世界观逐渐形成的重要时期，虽然他们要求上进，但由于年龄小，缺乏经验，因而不善于辨别是非、善恶、美丑和真伪，甚至还可能沾染一些坏思想、坏习气。所以，导师就要向学生干部、家长、科任老师以及社会群众做调查了解，争取各方面的配合，找到恰当的教育学生的办法，以迅速有效地提高导师工作的水平。

第四节 "综合导师制"中的师生垂直对话交流

"综合导师制"作为一种体现亲情化、个性化的全新的德育模式，是学校德育工作在方法上的创新与发展，体现了德育的与时俱进。它探讨的是一条"教师人人都是导师，学生个个受到关爱"的德育管理途径，旨在建立一种平等和谐的师生关系。面向全体学生，特别是传统意义上的后进，在教师充分尊重和信任学生个体的前提下，因材施教，因势利导，注重个别化教育，更多的是通过课外一对一或一对多人的教育教学活动，使学生学会做人，学会求知，以期学生素质的全面提高与身心的健康发展。导师在这个过程中实际上是扮演着"内在于情境的领导者，而非外在的专制者"（小威廉姆E.多尔《后现代课程观》，教育科学出版社）的角色。在这一过程中，许多教师会感到丧失权威身份之后的不知所措，并且常常认为自己将会难以适应新的交往关系。事实上，教师的权威并非凭借外部制度的确立与保障，而是应该通过教师内在的人格力量加以维系。在这种类似伙伴的关系中，只有当教师尊重交往、积极参与才有可能赢得学生的尊敬，并在教育过程中建立富有生成性的对话关系。因而导师与学生之间的对话交流无疑是综合导师制下教育活动中最频繁，也最重要的教育手段。

因为从本质上说，教育是一个人际交往系统。"教育原本就是形形色色的对话，拥有对话性格"。"在所有的教育之中，进行着最广义的对话。……不管哪一种教育方式占支配地位，这种相互作用的对话是优秀教育的一种本质性标识"。首先，它赋予学生以主体地位，将学习和发展的主动权还给学生，把课堂真正变为学生的学堂，破除了"以教材为中心"的局面，让学生在课堂中"活"起来，"说"出来。其次，它把交往所蕴含的平等、对话、倾听、理解等内涵拓展到教育领域中，有利于构建新型的师生关系，打破"以教师为中心"的局面。再次，由于交往涉及到学生生活的方方面面，因此，用交往的观点来观察教育过程，便于沟通教育与生活的联系。把生活作为教育的源泉，把教育作为生活本身，使学生所有的交往领域都被纳入教育的视野，破除了"以教室为中心"的局面，极大地扩展了教育的视域。

这种教育对话本身蕴涵着平等观念的价值预设。在对话者的视野中，自我与世界处于平等的关系之中，即承认对话双方的主体意义和价值保持平等状态。在导师课外一对一或一对多人的教育教学中，对话主要包括导师与学生，同时也包括学生与学生、学生与话题、导师与话题之间的多重交叉的对话。

在导师课外一对一或多人的集体的教育对话中，教师与学生是处于平等地位的，但是，我们同时还应当看到：青少年学生的阅历毕竟不同于成年人的阅历；他们因为阅历、身心、知识和经验的不足，需要导师在人格上的引导，学习上的辅导，生活上的指导和心理上的疏导。因而，在导师课外一对一或一对多人的教育对话中，教师就成为平等对话中的首席。（不是权威）；教师的引导、辅导、指导和疏导就具有了举足轻重的作用。教师作为对话过程的组织者、引导者和服务者，与学生构成了垂直性的互动对话。这种垂直性互动主要的表现是：

一、学生提供"活动支架"以支撑对话的进行

（一）情景对话

情境能让学生触景生情，激发对话动机。情境对话的最大优点是给学生创设了一种情境，学生置身情境之中，能激发学生强烈的对话欲望。维果茨基说："每一个句子，每一次谈话之前，都是先产生语言的动机，而'我为了什么而说'，这一活动是

从哪些情绪的诱因和需要的源泉而来的，口头语言的情境每一分钟都在创造着每次舌头的转动，谈话和对话的动机。"这就是说，人们的语言表达离不开情境，甚至人们说每一句话都需要有情境的诱因。孩子牙牙学语，他们既没有教科书，也没有固定的老师，而是在具体的生活情境中学会说话的。一个人离开了具体而实在的生活情境是无法学习语言的。对中学生而言，要让他们说恰当的话就必须给他们创设"恰当的情境"。要想在课外实现导师与学生之间的教育对话，导师就要创设某种情境，就能诱发学生发表的欲望，从而提高对话的效果。在笔者所导的学生中，一位朱姓同学曾向我请教几个令他困惑的问题："如果遇到一位经常在你背后指指点点的同学，对他的具有挑衅性的言语，应当如何处理""工作中我最怕得罪人，但为了做好班级管理工作，又必须得罪人。我不知该如何对待""学习中，如何处理帮助他人与提高自己学习效率的矛盾"这三个问题都涉及到当代中学生在校园人际关系中所面临的普遍困惑，具有共性。在导师和学生的集中对话活动中，笔者抛出这三个问题，创设了问题情景。结果出乎意料，学生大有同感，纷纷畅所欲言，坚持己见。让导师能够更直接地了解每一个学生的真实心态和人际观，以便在总结发言中有针对性地加以引导。

（二）方案设计

方案设计可以让导师更全面地了解学生思想动态，也便于导师培养学生良好的学习习惯和指导学生严谨的工作作风。学生的双休日如何安排，才科学合理？在落实"减负"措施后，显得尤为重要。作为导师，应了解学生在学校视野外的学习、生活状态，指导学生制定双休日计划。笔者采取课外作业的形式，让学生制订双休日计划。并在导师与学生对话交流会上，互相交流，导师评点。学生结合自身特点，修改双休日计划。下面是一位林姓同学的双休日时间安排表：7：00起床，7：30吃早餐，7：50看电视，9：00做作业（兼听音乐），11：00午睡，13：00看课外书，14：15去书店，15：30做作业，17：30晚饭，18：00散步或听音乐，19：00看新闻，19：30看电视，22：00睡觉。分析这份双休日时间安排表，我们不难发现，该同学较为合理地经营自己的双休日时间，做到张弛有度，学习与娱乐，增智与健体同在。

二、学生自选话题开展主题对话

主题对话。主题对话讲究的是导师以完全平等的身份参加某一话题的讨论，讨论过程以清晰的思想教育目标为指导，以心平气和地讨论为方式，积极引导过程中舆论。

由于课外对话的时间较短，且每周只安排一次，因此每次对话只能一个话题。又因每位学生的兴趣爱好和疑难困惑不同，话题的确定成为教育对话成功的关键，只有让大部分学生都能产生兴趣和同感，成为共同的话题，那么，一场多主体、多角度、组织者和引导者的作用。笔者在每一次主题对话开始前，都要先组织学生确定下一次对话的话题，要求每一位确定一个自己最想与大伙探讨的话题。导师记录、归纳和公布学生们所说的每一个话题，后通过举手表决的方式，给所有话题记上得票数目，经导师审定话题，按照得票数的高低确定下一次的主题。如此确定的话题，必然是最大多数学生感兴趣的话题，主题对话也就成功了一半。对话过程中，导师也是对话的一个主体，围绕话题展开对话，记录学生的言语，但导师的发言毋庸置疑具有了举足轻重的作用，并且导师的引导、辅导、指导和疏导的职责也在发言中完成。

在认识有关对话给予德育过程积极意义的同时，也必须清醒地看到交往对话在现实情境中所潜在的难题。

首先，消解教师权威人格需要一个渐进的过程。若教师始终以权威或先知的角色参与教育对话，将导致师生关系中权威的体现。然而，长期形成的心理定势难以在短时间内转变，而否定自我可能是一个尤为艰难和痛苦的过程。

其次，学生参与对话需要满足基本条件。对话理论要求师生在讨论话题时，不仅应具备初步的理解，还需具备独立的观点和看法。在对话过程中，教师无法穷尽所有的教育教学问题，但并不意味着学生因此具备了与教师同等的知识储备和认知水平。实际上，学生在教育对话过程中时常表现出不成熟的世界观或人生观以及缺乏已有成见的思考，他们的思考往往处于感性层面。这就需要教师帮助学生不断将他们的生活经历及已习得的知识转化为新的认识，否则学生将无法积极参与。

第三，对话并不意味着无序和混乱：对话的突出特点是承认参与对话双方的主体平等地位，否定权威话语，倡导求同存异的思维观。然而，这也可能带来一个危险，由于承认对一个命题具有多重阐释的可能性，这些解释可能是多元的甚至是无限的，这就为产生无意义的话语循环提供了可能性。缺乏主流观念或标准将有可能使教育中的对话沦为单纯的辩驳与争吵。

第四，应避免为了对话而对话。将对话理论引入导师制并非为了追求新奇，而是要促进德育方式、方法的积极变革。因此，在教育中应避免为了对话而对话，应该根据实际情况灵活运用。

第五节 "综合导师制"下导师队伍建设的思考

为切实地引导学校从原有的、单一行政班模式的教学管理向行政班与学科教学班共存模式下的教学管理转轨，同时从根本上改变教学与德育相分离的现象，使德育落到-34-实处，真正帮助学生成长创造了可能。然而，学生的培养又受诸多条件的保证，其中最重要的是需要造就一支具有足够数量和水平的教师队伍。中学"导师制"教育模式运作的关键是导师队伍的建设问题。所谓"导师"是指具有高尚的师德情操和扎实的专业基础，能给予学生以学业引领、生活咨询、品行指导、心理辅助和人生规划的教师。从运作的角度讲，中学"导师制"教育模式的实施应该有一个过程，导师的成长过程就是该教育模式的实验探索过程，一个学校导师队伍的成熟就是该校"导师制"教育模式成功的标志。

一、导师队伍建设的必要性和重要性

（一）加强导师队伍建设，是国内外形势发展的客观需要

当今世界，科学技术日新月异，综合国力竞争日趋激烈，知识经济开始显示出强大的生命力。一个国家国民素质的高低、掌握知识的程度、拥有人才的数量，特别是知识创新和技术创新能力，将成为决定一个国家、一个民族在国际竞争和世界格局中地位的关键因素。国民素质的提高、创造性人才的培养、知识创新和技术创新能力的开发离不开教育，而教育离不开一支高素质的教师队伍。新的形势对各级各类学校的教师队伍提出了新的、更高的要求，我们加强导师队伍建设，正是适应国内外形势发展的客观要求。

（二）加强导师队伍建设，是推动教育改革和发展、全面推进素质教育的关键性措施

虽然目前我国的师资队伍建设取得了显著成果，但与深化教育改革、全面推进素质教育的要求相比，教师队伍的数量、结构和质量还存在着许多不适应的方面。在传统的管理模式下，我们对学生实行学籍管理，按照同样的要求和规格、同样的质量标

准培养人才，以班级为基本单元组织活动，由班主任负责管理。学生工作由辅导员或班主任来做，教学工作由教师负责，教师只管上课，班主任只管学生活动，基本是互不相交的两条线管理。新一轮课程改革，倡导道德教育回归生活，关注学生的现实生活质量，在引导学生的自主探索性学习中，营造丰富、积极、有意义的校园生活，试图以一种全新的理念构筑富有生机活力的学校新德育。随着高中新课程的实施，学生将同时参加行政班和学科教学班的学习活动。为彻底改变教学与德育"两张皮"的现象，使德育落到实处，真正帮助学生成长创造了可能，我们针对变化着的现实情况建立了一种新的教育机制—导师制。而"导师制"教育模式运作的关键是导师队伍的建设问题。

（三）加强导师队伍建设是学校事业发展的需要

随着教育形势的发展，学校之间的竞争日趋激烈，而学校之间的竞争说到底是生源和师源的竞争。没有一支高素质的教师队伍，教学质量就难以保证。学校没有高质量，就吸引不了生源特别是优质生源。没有生源就没有财源，没有财源学校就无法实现可持续发展，教职工福利待遇的提高也就成了一句空话。随着我市普通高中的扩模，我校的发展也到了一个关键时期，导师作为学校教师队伍中的中坚力量，在学校的建设与发展中起到了决定性的导向作用。因此，它的建设就显得尤其重要。

（四）加强导师队伍建设是松门中学校情实际的需要

松门中学是一所地地道道的农村中学，90%的学生来自农村，其父母的文化水平都不高，所以，许多父母把子女教育的任务完全托付给学校，在这种情况下，学校的德育责任自然十分重大，建立一支高素质的导师队伍是完成这个任务的当务之急。

（五）加强导师队伍建设也是导师自身发展的需要

新的历史时期，教育的改革和发展对教师的素质提出了新的要求；新的校情实际对在其中工作的每一位教师的要求也在不断提高。只有高素质的教师，才能有力地推动素质教育；只有教师具有创新精神和创新意识，才能培养学生的创新能力；只有了解当今高新技术发展最新成果的教师，才能站在高科技革命的高度，鼓励学生勇于探究；只有教师自身具备不断学习、终身学习的能力，才能教会学生如何自主学习、自主发展；也只有知识面宽厚、教学水平高、亲和力强的教师，才能赢得学生的尊，重和信赖。作为"导师"应该是一种复合型人才，首先应具有健全的人格、良好的师德和高尚的情操，同时应具有知识的复合性、专业的复合性和思维的复合性。因此，导师应特别注重终身学习，不断接受新知识、新理念和新方法。

二、导师队伍建设和发展的原则

（一）持续性原则

导师队伍发展的持续性是指将当前发展与未来发展相结合，将导师队伍未来发展的可能性作为制定当前发展战略的前提。这包括两个层次的含义。首先，要保持导师队伍在整个学校大系统中的活力和生机。其次，要实现导师在教育机会、知识、能力、品德、身心健康等方面的持续性。

在构建导师队伍发展的管理模式时，应将可持续发展作为重要因素，以导师队伍未来发展的可能性为前提。要解决导师队伍组建的科学性问题，建立竞争机制、激励机制、淘汰机制，使导师能够各尽其才，实现资源的合理配置。同时，要建立吸引和选拔培养优秀人才的评价机制。这些措施可以使导师队伍保持活力和生机，实现自身的持续发展，更好地为经济与社会的可持续发展服务。

另一方面，要将终身教育体系引入导师队伍建设中。转变思想和更新观念，认识到接受培训和教育不仅是学生和青年导师的事情，老导师也需要进行进修培训和提高。终身学习是现代社会的重要特征，也是可持续发展对导师队伍发展的要求。让导师有条件地学习新知，不断提高教学和科研水平，使导师的知识和能力不断得到迁移和创新，实现自身的可持续发展。

（二）整体性原则

1. 导师队伍发展的整体性

所谓导师队伍发展的整体性是指整个导师队伍是一个整体，它的各个组成部分之间是相互制约的，如果破坏了其中某一部分的发展其后果必将波及整体。导师队伍发展是办学质量提高的关键。近年来，我国很多学校的导师队伍建设已采取了很多措施，并取得了很大成绩。但有些问题还是存在的，或者说从根本上没得到解决。首先是各学科的导师师资力量不均，有的学科阵容整齐，实力雄厚，有的学科缺乏学科带头人，断层严重，再次是在对导师进行培养时，注重对中青年骨干导师的培养而忽视对老年导师、青年导师整体素质的培养。

2. 导师自身发展的整体性

导师的全面发展应涵盖德、智、能、绩四个方面，任何一方面的缺失或受限都将对导师的整体发展产生不良影响。因此，培养导师需要从这四个方面入手，全面提升其素质。然而，一段时间以来，我们在中青年导师的培养上过于强调业务素质的提升，相对忽视了思想政治教育和能力方面的培养，导致导师的整体素质无法得到有效提升，进而影响学校的可持续发展。

为了解决这一问题，我们应该加强对中青年导师的思想政治教育，要求导师在政治上具有坚定性，在专业领域具备权威性。导师应具备出色的组织能力，严谨求实的学风，以及利用外语和计算机获取信息的能力。同时，我们应积极倡导中青年导师对科学和教育事业的奉献精神。通过这些措施的实施，我们将能够全面提升中青年导师的素质，推动学校的可持续发展。

（三）协调性原则

1. 在导师队伍建设和发展的过程中，我们应当注重质量和规模的协调统一。这里的协调性是指导师队伍在发展规模与提升质量方面需要保持和谐发展。从理论上讲，只要学生的需求存在，我们就应该满足，增加导师数量，扩大导师队伍规模。然而，扩大规模的前提是不能导致辅导质量的下降。因此，我们必须坚持协调发展的原则，充分发挥现有人才的作用，保持学校教学骨干的稳定，并积极引进优秀教师，使导师队伍保持稳定、精干、高效，确保导师队伍在质量和规模上的协调统一。

2. 构建协调发展的导师队伍需注意协调性，这包括在培养方法中，要注重重点和一般、骨干与全面的关系，使整个导师队伍能够协调发展。当前，许多学校已实施多项措施，加快中青年导师的培养，取得显著成效。然而，在导师队伍的培养方法上，我们未能很好地坚持可持续发展的协调性原则，导致老年导师、中年导师和青年导师三支队伍之间的关系未能妥善处理，未能形成一个和谐协调的人际环境。中老年导师仍是导师队伍的核心，是青年导师培养的主体，对青年导师具有传、帮、带的作用；青年导师队伍则是优秀人才的主体。如果忽视这两支队伍的建设，只注重中青年骨干导师队伍的发展，势必会挫伤他们的工作积极性。因此，学校应充分重视中老年导师在培养中的地位和作用，给予相应的政策倾斜，调动他们的积极性；对青年导师，则应给予更多的关心和支持，减少苛责。此外，在培养过程中未能妥善处理重点与全面的关系，忽视对所有青年导师的培养。长此以往，势必导致青年导师整体素质的下降，从而影响导师队伍的可持续发展。

（四）开放性原则

能者为师是导师队伍建设必须坚持的原则，在这个原则下，导师不仅要充分挖掘自身的潜力，还要充分挖掘一切可以利用的外在潜力。为了更好地理解导师这个工作，做好这个工作，借鉴他人的成果是一条行之有效的捷径，一方面，可以向兄弟学校学习取经，一方面可以聘请德育专家为客座教授，来校进行指导；我们应加强这方面的教育，要求导师必须具有政治上的坚定性，专业上的权威性，导师要有较强的组织能力，严谨求实的学风，利用外语和计算机获取信息的能力；在中青年导师的培养中，应大力提倡对科学、对教育事业的奉献精神。

（五）协调性原则

1. 在导师队伍的质量和规模方面，我们应追求协调发展。这里的协调性是指导师队伍在发展规模和提升质量之间取得平衡。理论上，只要学生对导师的需求不断增长，我们就应当持续充实导师队伍，扩大规模。然而，扩张的前提是确保学生的辅导质量不会降低。因此，我们必须坚持协调发展原则，充分利用现有人才，保持学校教学骨干的稳定，积极引进优秀教师，确保导师队伍稳定、精干、高效，质量和规模协调发展。

2. 导师队伍发展方法的协调性应得到充分体现。协调性的另一层含义是指在培养方法上要重视重点和一般、骨干与全面的关系，使得整个导师队伍能够协调发展。目前，许多学校实施了一系列培养中青年导师的项目，并取得了显著成效。然而，我们在培养导师队伍的方法上未能很好地坚持可持续发展的协调性原则，导致老年导师、中年导师和青年导师三支队伍之间的关系未能妥善处理，未能构建一个和谐的人际环境。中年导师是队伍的核心，应充分发挥他们的作用。可以聘请其他单位热爱教育事业且德高望重的人士作为学校的特聘导师，集思广益，组建一支高效的导师队伍。

第七章 多方融合的德育内化模式

第一节 内化的基石:"三全""三结合"的心理健康教育

一、直面学生心理困境

赵襄王跟他的驭手学赶车,俩人比赛,在奔跑中,赵襄王几次跑头里,但最终还是落后。

他问驭手为什么最终还是落后?驭手说:你驾车时,心里没有车、没有马,你的眼睛只盯着我,我跑前边你着急;你跑前边,又怕我赶上,你的身心跟马是不和谐的,怎么能驾驭好马呢?

这个故事要阐述的道理很简单,那就是做任何工作都必须对我们工作的对象有深刻的了解。作为教育工作者,我们面对的不仅是课本,更是学生,只有理顺老师和学生的关系,让学生和老师心意相通,才能较好地完成教书育人的任务。

良好的心态是人类社会立足的基本条件之一。心理健康与否,与人的道德品质的高低有着必然的联系。它可以让人的道德高尚,也可以使人的道德败落,决不可等闲视之。一个学生的心理状态是否正常、健康与家庭、社会、学校的教育有着密切的关系。学生对父母、同学、老师以及对学习问题等的认识和处理方式的正确与否,影响着一个学生的学习态度和对前途的看法,这是关系到学生能否健康成长的重要问题。从我校实际出发,结合农村普高生的特点,从多个方面多个角度着手,并整合各种资源,使融汇型德育的实践过程成为帮助学生自我心理成长发展的过程,这对全体学生的潜能开发、生活快乐、人格健康和完善都具有十分重要的意义。

但是,高中生—尤其是像松门中学这样的农村中学学生,正在经历着深深的心理困境，这是德育工作必须认真对待的问题。学生正在经历着哪些心理困境的考验呢？

（一）心理期待，难以承受的焦虑

我们眼前的高中生大多出生在九十年代初，那正是计划生育初见成效的时期，他们大多数成了独生子女。独生子女带来的最大问题就在于一个"一"字，他们是父母关心的唯一对象，也是父母希望寄托的唯一对象，父母们没有别的选择，只有把爱把恨把高兴把不满，一股脑儿地放在仅有的一个孩子身上。有了这种心理，许多做父母的在家庭教育上就有了错误的定位。父母总跟孩子做这样的想象推理："你在班上要考不了前三名，就考不上重点高中；考不上好高中，就考不上重点大学；考不上重点大学，就没有好工作；没有好工作，就得不到高收入；得不到高收入，就过不上幸福生活……"从孩子跨进学校的那一天起，父母的心总是处在或轻或重的焦虑之中：一怕孩子闲着，把孩子时间占满了心里才踏实；二怕孩子玩耍，把孩子攥在手心里，冲突随着孩子的成长不断激烈；三怕孩子出错，盯着孩子的错误，放大孩子的错误，以反复提醒孩子的错误为教育手段；四怕孩子失败，学习成绩、考试名次像戴在孩子头上的紧箍咒一样，让孩子每天战战兢兢地面对一切。

在这样的教育定位下，父母的焦虑很快就会在孩子幼小的心灵上反映出来。

"星星河"家园创办人、中国少儿出版集团少儿研究室主任徐国静曾经讲过她女儿小时的一件事。女儿上小学一年级时，有天放学回家说：妈妈，我今天考了90分。在徐国静的印象里，小学生就要得100分。她随口训道：怎么才考90分，应该得100。你怎么那么马虎，不认真？第二天放学一进门小孩子就哭着说："没考好，我只得了98分。"

在这种近乎苛刻的要求下，孩子在学习过程中，体会不到学习的乐趣，相反，积累的是挫败感，是自卑，是对自己能力的怀疑。到了高中，学生的心理不断在向两个极端强化，一是深深的焦虑，另一个则是逆反到不近人情，从内心深处对学习产生了难以克制的厌倦。在这种心理支配下，他们恨家长，恨老师，恨成绩好的同学，甚至仇视这个社会。

（二）单一教育，无法挣脱的束缚

中国教育与西方教育最大的不同其实是大学录取机制。比如美国，美国"大学的大门是永远敞开的，只要你成绩好，或者有特长。"而中国则不一样，不管你是进那类大学，你都得参加国家组织的高考，文化课是你必须通过的关口。用一句更直白的话说，中国的大学教育是单一教育，而西方的则是开放教育。

面对这种近乎垄断的人才选拔机制，中国的父母不可能有其他的选择，如果不能通过正常的高考，即使你再优秀，再有专长，也无权接受更高等的教育，比如《三重门》的作者韩寒。

能不能进大学的门成了孩子无法回避的现实，成了家长的望子成龙望女成凤的唯一通道，成了评价学校教育是否成功的不二标准。进学校读书的目的可以浓缩成两个字：升学。在升学的压力之下，学生就是硬着头皮也得学哪些他们并不感兴趣的功课，他们不得不坐在课堂上熬那些枯燥的光阴。学生在校就读期间几乎没有自己的空间，这是大多数中国的学校无法摆脱的现实，学生在这狭小的天空中往往一困就是多年，高强度的课业学习早已深入到小学。专家学者和政府都在倡导学校减负，但减了多年，就是减不下来。其实学校也有自己的苦衷，不是不想减，而是不敢减。学校必须重视高考规定的课程，练习高考可能考试的内容，没有谁敢认真去考虑学生的兴趣。长达十二年的中小学教育，对许多学生来说，是一种在"考上大学找一份好工作"这个极其功利的目标支配之下的精神炼狱。

（三）就业前景，难以排解的迷茫

随着大学的扩招，考上大学不等于有工作已经有几年的历史了，大学生的就业率正在逐年递减，这就是高中生不能不面对的现实。

于是就有学生问：考上了大学又怎么样？读了大学又怎么样？

2005年12月27日，在中国人民大学的逸夫会馆。中央电视台《东方时空》联合智联招聘网发起了"毕业生就业状况大型调查"，就毕业生薪金待遇、就业陷阱、就业歧视以及海外留学人员归国就业等十多个和毕业生就业紧密相连的问题进行了广泛的调查。大学生就业难的问题早在2003年就展开过大型的讨论，那年是大学扩招之后的毕业生涌入社会的第一个高峰。到了今年，央视的调查表明，大学毕业生的薪金待遇已和一贯的心理期望相去甚远，被调查的大学生中，有将近一半的人对薪金的心理期待是1000~2000元/月。要求如此之低，只能说明一个问题——那就是就业形势的严峻。就台州市2006的公务员考试报名情况看，"全市共有14243名考生来竞争344个公务员职位，是我市公开招考公务员以来报名人数首次突破万人，竞争最为激烈的一次。"（台州市人事培训考试中心）一个职位40几个人来争，其就业难度可想而知。

考上了大学又怎样？读了大学又怎样？这让没有家庭背景的农村学生尤为迷茫。这些迷茫来源于亲戚朋友，来源于已走入社会的大学生，来源于网络上随处可见的统计数字，来源于自己对未来模糊的幻想。他们还在读着书，对他们而言，读书或许已变成了眼下不能不做的职业，父母们想得更现实：年龄这么小，不读书能干什么？即使在学校已没有任何乐趣，他们也不能顺从自己的愿望去干自己想干的事。

二、多渠道的心理健康教育实践

为了帮助学生走出心理困境，培育学生健康的心理和健全的人格，我校自成立心理咨询室以来，积极创造条件，科学、有效地开展心理健康教育活动。其主要做法有：

（一）开设心理选修课

根据《中小学心理健康教育实施纲要》的有关精神，参考现有的一些高中心理课教材，结合本校学生的特点，开设心理选修课。并随时调查学生对教学内容的接受、认可程度以及学生的意见、建议，跟踪学生的学习效果。同时，我校心理咨询室还根据学生的心理特点，对三个年级的学生进行不同的心理疏导：高一年级以游戏和活动为主，营造乐学、巧学的良好氛围；高二年级以活动和体验为主，在做好心理品质教育的同时突出品格修养教育；高三年级以体验和调适为主，提倡课内与课外、教育与指导、咨询与服务紧密配合。

（二）个别咨询与辅导

通过"师生一对一"的沟通方式，教师对学生学习和生活中出现的问题给予直接指导，排解心理困扰，对有关的心理行为问题进行诊断、矫治。对于个别有严重心理疾病的学生，及时识别并转介到医学心理诊治部门。我们重视对学生面询的规范化，对于每一名来咨询室寻求帮助的学生给予最大程度地尊重和接纳。咨询员采取人本主义咨询取向和理性情绪咨询取向相结合的方法，切实解决了学生的许多心理问题。我们对于每位来访者的每次咨询都经历观察、建立咨访关系、质疑、引导、总结等几个步骤，用时大约 50~60 分钟。

（三）开设了网上心理辅导

除了日常心理咨询室的面询以外，为了适合我校特点，给投身于紧张的高中学习的广大学生提供更便利的心理辅导，我们开设了网上心理辅导。内容包括学生提出的心理问题、对学生提出的心理问题的回答、学生的感受交流、自控思维训练的系统知识、考试前后的心理调节秘诀、轻松一刻、问卷反馈、真心祝福等。我们还利用及时更新的校园网、校报等资源宣传有趣的心理知识，使学生了解心理学研究的对象、任务、领域和成果，一些最前沿的脑科学、认知科学研究成果对学生掌控自己的学习是很有帮助的。

（四）把心理健康教育贯穿到学校教育教学活动之中

我们应该致力于打造一个与心理健康教育相符的物质环境、人际环境及心理环境。同时，关注并抓住心理健康教育的关键阶段，充分发挥教师在教育教学过程中的人格魅力和典范作用。构建一种民主、平等、相互尊重的新型师生关系，将心理健康教育融入班级、团队活动以及班主任工作中。

（五）积极开通学校与家庭同步实施心理健康教育渠道

学校应引导家长转变教育观念，深入理解和掌握心理健康教育的方法，注重培养自身良好的心理素质，优化家庭心理健康教育环境。同时，家长的理想、追求、品格和行为应作为榜样，影响并推动孩子的健康成长。

三、"三全""三结合"的心理健康教育模式

在全面分析探讨有关理论和进行实践研究的基础上，松门中学提出了以"三全"（全面、全体、全方位）为心理健康教育的基本策略，以开发心理潜能为终极目标，以"点、线、面"三结合为基本教育模式，以"中学生"六自，意识辅导"为切入点，从重点实验到全面实施，从个体辅导到全体优化的心理健康教育实践模式。以导师团队为主体，同时，充分利用各种教育影响，以显性与隐性，固定与灵活，专职与全员相结合的方式，把心理健康教育全面渗透到学校的各项教育活动中，旨在优化学生个性，开发学生内在潜能，促进全体学生身心健康、和谐地发展，促进学校教育教学质量的进一步提高。

（一）建立机构，教师先行

成立学校心理健康教育领导小组，由分管德育的副校长任组长，有关的行政人员

和年级段长、主任导师为组员。下设几个分组：研究组，由学校教科处牵头、会同德育处及年级段、心理教师组成；实施组，由学校德育处牵头，分年级由年级段长负责指挥，由各班主任导师担任；评估组，由分管校长牵头，会同党、政、工、团有关人员及心理教师组成，负责对各工作小组实施教育的效度进行评估。

从现状看，心理教师数量太少，精力极为有限，不可能顾全到每位学生，心理健康教育工作光靠专职的心理教师只能是杯水车薪。我们把对学生进行多方面、有针对性且持久的心理辅导的职责落实到导师身上。要能使所有的导师胜任这项工作，我们首先是加强师德师风建设。同时，尽可能地通过各种办法来提高班级主任导师的心理健康水平，让导师掌握基本的心理健康教育的方法和技巧。为了加强导师间的合作和交流，我们经常有意识地提供些心理健康教育中的典型问题，引导导师实践；再通过案例分析、经验交流等多种形式进行探讨，牵一发以动全身，逐步提高全体导师的教育水平。与此同时，还注意做好维护导师心理健康的工作。因为心理健康教育的人本身应当具有健康的身心。

（二）点上突破，面上辐射

点上突破：主要是指对学生个体的补救心理健康教育。由导师对自己所导学生中少数学生或个别学生存在的心理问题、心理障碍或精神疾病给予直接指导、诊断和矫治，帮助他们克服困扰，恢复心理健康。其中以心理卫生为中心的教育内容为主。这包括处理学生问题行为的早期发现及矫正，不良习惯对学生身心的危害的指导，不良个性对心理健康的影响的纠正等，强调问题的早期发现，及时补救，避免问题的加重，逐步消除学生的不良心理和行为。

面上辐射：主要是指对学生群体的发展性心理健康教育。学校或心理辅导人员在了解中学生心理发展的一般规律和年龄的基础上，针对学生在中学阶段素质教育所面临的任务，素质的个别差异，施加一定的教育和辅导，促使学生心理素质普遍提高，心理潜能充分发挥和个性品质和谐发展，从而预防各类身心疾病，促进身心健康的发展。主要内容包括学习心理的健康教育、情感和意志的心理健康教育、人际关系的心理健康教育、个性心理教育和青春期教育。

（三）分线施教，讲究实效

根据不同年级学生的年龄特征和学习特点，在教育内容和方式上，分成三条线实施，并且各有侧重。

第一条线：对高一年级学生侧重自护自理教育和适应性训练。高一学生离开家庭独立生活，对陌生的生活环境和陌生的人际关系及新的学习内容和要求不大适应是很自然的。因此，帮助他们适应高中的学习生活，引导学生树立正确的友谊观，是首要的教育任务。于是，我们就组织学生参观学校的校史展览室，向他们介绍学校的校风、学风和教风，学校的组织机构及学校所走过的光辉历程。使学生了解学校，热爱学校，为顺利完成高中学业打下良好的基础。

第二条线：对高二学生侧重进行自律、自悟教育。高二学生的一个基本特点是易分化，并且多数学科的省证书会考集中在这个阶段，学生的压力很大。因此，增强学生的自我约束意识和自我领悟能力尤为重要。指导学生在认识自己的基础上，确立学习目标、认识学习的价值，形成恰当的动机水平，掌握学习方法，学会学习，提高学习效率。

第三条线：对高三的学生侧重自立、自强教育。高考升学的强大压力、家庭望子成龙的殷切期望、大容量地复习和频繁的测试，都给学生造成相当重的心理负担。如何正确等待升学，如何顺利走向社会，如何帮助学生消除紧张、焦虑甚至惶恐等心理问题，就成为这一阶段突出的教育主题。

（四）立足"三全"，挖掘潜能

充分利用学校、家庭和社会的教育资源对全校每个学生的每个方面均施加积极而正面的心理影响，让他们每个方面的发展都建立在良好的心理品质基础上，那么，他们潜能的挥发肯定会无可限量的。学校明确要求德、智、体、美、劳各育以及制度、管理诸方面，都要渗透心理教育。德育要遵循青少年思想品质形成和发展的规律，从知、情、意、行等方面入手，开展丰富多样的活动，使学生心灵净化，情感升华。智育要求担当起塑造学生心灵的责任，动员全体教师将普通心理学、教育心理学、社会心理学、创造心理学的知识直接引进课堂，融入教学活动之中，充分发挥课堂教学主渠道的作用。

在教育教学过程中，要求导师重视建设平等、愉悦、合作的课堂教学心理环境。学校则刻意在整个校园营造出和谐宽松的人际环境，积极追求人的全面发展与个性的自由发展，让全校师生在受尊重、受信任、受鼓舞、受保护的环境中工作学习，使之发挥出最佳的效果。在教育方式和内容上，除了运用常规的开设心理教育课、举行主题班会和讲座、组织观看专题影视片外，更直接的方法就是在每个班级建立心理教育小组，由导师以及退休老师、社会各界人士组成，经常与学生面对面地进行交谈指导，效果尤为显著。开展学生自治自理工作活动，让学生在自治自理中体会和感受生活，在平时自我调节心态，增强能力，展示才华。我校的三级卫生包干制度、值周班制度、学生会管理制度以及寝管会、膳管会等机构，都由学生来组织和操作，尽量让每个学生都有参与、锻炼、展示的机会，让他们的潜能充分释放，在释放中自强，在释放中发展。

（五）"综合导师制"为心理健康教育提供了宽阔的平台

以"整体，合作，优化"和"亲情，个性，实效"为实施原则，全面推行综合导师制。在导师制下，先在教师中，选择教学水平高、师德好、有爱心、乐于奉献、在师生中有较高威信，并有丰富的育人经验的教师充当导师；后让学生选择自己心仪的导师。确立关系后，导师根据不同学生的不同需求，因材施教，加强个别化指导，以增强针对性和实效性。导师在平时直接指导学生，采取个性化、亲情化的教育方法。同时在课外要认真倾听学生的心声，承认学生的个性差异，尊重学生的身心发展特点和认知水平，及时帮助学生解决成长中遇到的困难和困惑，对学生思想上引导、学习上辅导、生活上指导，心理上疏导。

"综合导师制"是我校德育的一个研究课题，又是学校内部一种重要的管理机制。

"综合导师制"的宗旨是要建立具有很强亲和力的新型师生关系、充分发挥教师和学生两方面的积极性、创造性和内在的潜力，促进学生全面健康地发展。从而全面提高我校的办学水平和办学品位，形成我校全员、全程、全方位的德育工作特色，最终达到学生在生活上自理、行为上自律、评价上自省、心态上自控、情感上自悦、学习上自立的目标。

作为学校德育工作创新的产物，"综合导师制"是一种富有亲情和个性化的德育模式。通过与学生进行交流、谈心，导师有意识地将心理健康教育理论及实操技巧融入德育过程，同时运用行为科学的可操作性技术来调整学生的问题行为。针对每个学生的具体问题，制定并执行个性化的辅导方案，帮助学生解决实际问题，改善人际关系，培养健全的人格。导师在众多方面都发挥着重要作用，他们既是学生树立理想的指导者，也是学生思想成长的培育者，更是学生心理健康的维护者，以及促进学生全面发展的辅导员。他们如同工程师一般，帮助学生塑造成新时代的优秀人才。

近年，"三全""三结合"心理健康教育的实践和研究，营造了松门中学民主平等的师生关系，拓宽了师生之间的心理交流的渠道，增进了师生间的感情和友谊。学校通过对家长的家庭教育指导和培训，帮助家长认识到关注孩子心理健康的重要性和必要性。从而改变了家长的教育方法和亲子关系，为学生的健康发展创设了一个理解、激励、民主、温馨的家庭氛围。进一步增强了学生自信、自强、自治和自理的观念。

心理健康教育的实践，促进了素质教育的落实，打开了素质教育的新局面。自研究实施以来，进一步坚持"以人为本"的原则，以心理健康教育为突破口，全面实施素质教育，创造了和谐、愉快、富有新意的学校教育氛围。学生锻炼了意志，发展了智力，激发了创造力，提高了自信心，这些心理品质有效地向学科学习迁移，促进了学业成绩的全面提高。学校展现了生机勃勃的素质教育气象，学生的综合素质明显提高。心理素质的提高促进了学生学习效率的提高，学校大面积地提升了教育教学质量。学生心理品质水平的提高，也为学校各方面工作的不断进步奠定了良好的基础。

全面推进了学风、校风的大幅度的优化。

在进行"融汇型"德育的实践中，我们将进一步健全和完善"三全""三结合"的心理健康教育模式，创设氛围，构建平台，使学生在时时德育、处处德育、人人德育的融汇实践中更好调节自己，促进自身道德品质的内化与提升。

第二节 内化方式探索之一：回归生活、审美德育

一、德育应该回归生活

（一）对现在德育的重新认识

教育是在人的生活世界中进行的，都超不出生活世界的领域。学校德育渗透于学生的生活世界之中。生活世界是德育之所以能够促进学生个体多种品质形成的场所。然而，在实践中，大多数学校的德育存在着诸多误区，如：只注重道德原则、道德规范的知识教育；注重历史文化人物、英雄人物事例的讲解；注重以"成人世界"的思想、观念等教育学生，把德育变成一个单向的知识传授与灌输过程。教师以德育的权威、真理的化身对学生进行道德说教，学生对这种说教式的德育往往会有不同程度的

反感，有的学生还因此产生抵触情绪。确实，这种脱离人的生活世界的学校德育，缺少平等的对话，缺少学生的需求，缺少让生命感动的活动，可以说，这种德育工作方式的本身就与学校德育宗旨相违背。

（二）解读德育生活化

德育生活化：在我们的观点中，这是一种基于生活、尊重个性的教育方式，目的是改变过去学校德育工作中过于强调社会道德规范、思想政治理论的知识灌输，忽视学生实际生活和个性化发展的情况。通过让学生的思想道德品质培养回归他们的日常生活，回归真实，尊重学生的个性化发展、现实生活、兴趣爱好、价值观和思维方式，引导他们在探究生活、探索生命奥秘、思考人生价值的过程中，感悟生活，领会道德的真谛，培养道德情感，并加以内化和升华，从而形成高尚的道德情操，优化自身的道德行为。

学校德育生活化，更多地注重学生的生活世界，它让学生的品德培养回归学生生活，回归真实，回归学生自我。这是目前提高学校德育工作针对性、实效性和主动性的重要举措。它承认并尊重每一个学生的独特性和权利，尊重学生不同于成人、不同于英雄人物、不同于历史文化人物的生存状态、生活方式。它强调"以人为本"，把学生看着是独立的人、完整的人、社会的人，是成长于社会生活中的有生命价值、有独特人格的个体。它更多地注重每个有个性特长的学生不同于他人的个性特征、兴趣爱好、成长特点、能力倾向、价值观取向，最大程度地让学生在生活中愉悦、自信、有尊严感的成长与发展。

（三）德育生活化感悟

1. 生活：德育的根

道德教育是个体培养品德的关键过程，涉及关爱他人、爱护公共财物和热爱学校等方面。尽管这些道理和意义众所周知，但它们往往仅停留在认知层面，很少转化为个体的实际行为。人们容易对所听到的置若罔闻，对看到的也难以铭记于心，而真正付诸实践的更是少之又少。因此，"实践"是道德教育的最高境界。在这个境界中，并不需要什么惊天动地的大事，往往体现在平凡的日常琐事中。教育者应注重从细微处入手，以身作则，从一点一滴做起。通过把握日常生活琐事的育人契机，教育才能无处不在、无时不有，学生才能更好地健康成长，道德教育才能落到实处。生活是道德教育的基础，因为生活世界中充满了丰富的教育意义和价值。尽管生活可能显得琐碎、世俗，但其中的价值和意义却无处不在。人们可以在具体的生活中探寻和感悟其中的乐趣、价值和意义，培养出一种高尚品格，从而帮助学生确立人生信念，领悟真善美，塑造健全人格。

德育主体活动的生活化，需要开放的德育空间，期盼全社会的参与。将学校、家庭、社会诸空间所暗含的"载道作用"，弥散在学生的生活之中，让学生在"创造"新生活，从而来感受享用新生活。由于社会中的"现实规范"与学校灌输的"理想规范"之间存在着强烈的反差，德育教育不能以"道德纯洁"来人为地缩小德育教育的空间，更不能片面地认为只有学校设计的活动空间才是"德育净土"，把德育空间只限制在参观、访谈、实践基地、旅游、敬老院等地，仿佛除此以外的空间都是德育教育的"禁区"。其实"处处有生活"就"处处有德育"。例如，电视、影视等信息传媒越来越成为学生生活化过程中的重要途径，而且越来越成为无国界，跨文化的开放系统，它既是正向积极文化载体，又是负向消极文化载体，以权威性的面目出现，以替代强化方式发挥着潜教育的作用。问题是我们怎样培养学生的眼力、思辨力、判断力、接受力、批判力、选择力和取舍力，最大限度地引导学生利用传媒的积极影响力来促进学生自尊的生活化社会化发展。

2. 生活：德育的真

现代教育理论认为："学生的品德是接受外部影响并经过主体内化过程才形成的。"这里的内化，就是教育的影响下，学生将外部的社会要求转化为个体内部需要，并经常在行为活动中表现出来的一个复杂的动态发展过程。道德的内化并不是一种由外到内的简单的灌输过程，也不是光靠一般的讲课所能解决的，这是课堂教学及其教科书的局限性，因为"教材永远滞后于生活"。例如，"爱人民"几乎所有学生人人会说，也是从幼儿园到大学德育教材中的重点内容，学生对教材的理解似乎不成问题。但在实际生活中让学生做到"爱人民"可不是一件容易的事。近年来，随着社会经济的不断发展，人民生活日趋富裕，"富户"逐渐增多，由于家庭宠爱，带来了一些负面效应。一些"老板"之女，盲目"优越""自豪"，看不起甚至嘲笑"打工仔和打工妹"，蔑视同学的父母，讽刺挖苦贫困生。有较多的"非老板"出身的学生有自卑感，表现出"只爱人民"却"不爱家长"，甚至不爱父母，缺少"至亲至情"。出现生在农家不爱农，出身工人不愿工，看不起工厂上班的父母，讨厌田间劳动的长辈，不珍惜和挥霍劳动成果。在这些学生眼里，"劳动者"这一光荣神圣的字眼，已失去了它应有的光辉。显然，鄙视"劳动者"是剥削阶级腐朽思想在人们头脑中的一种折光反射，哪有一点"爱人民"的意思。小学生鄙夷"劳动者"而背离人情亲情，从一个侧面说明我们持课堂教科书进行"爱人民"的空洞说教是那样的苍白无力，也从另一个侧面说明了德育的精品教材在生活世界。生活世界为学子的成长提供了必不可少的环境知识，脱离了"生活"这册教科书，学生对德育内容的深刻领悟将难以形成。因为人的精神领域并非凭空产生，它需要有一定的根基，而这个根基源于受教育者所处的生活环境。德育应引领人们走向现实生活，引导人们积极构建个人丰富的生活阅历，追求生活的全面性，在构建完整生活的过程中实现德性的完美，从而达成德育的目标。

德育教育的根本目标是要培养学生高尚的灵魂，这就需要教育者具备崇高的思想和科学的手段，正确引导，悉心教诲。我们应该为学生设计现实生活的情境，构建适合学校实际的德育特色，研究学生，针对学生特点、个性，因势利导。要指导学生跳出课堂小圈，放大生活外延，增强生活底气，使学生有声有色、淋漓尽致地挥洒生命才情，构建以高尚信念、美好情操和优异品格为核心的人格体系，砌就一个五彩缤纷、绚丽多彩的精神世界，达到心灵审美得欢畅愉快、赏心悦目。

二、休闲生活，融汇德育

（一）休闲生活，融汇德育的背景

随着社会的发展，休闲越来越成为一种时尚，是人们生活不可缺少的一部分，这与我们社会主义社会的生产目的即满足人民不断增长的物质文化生活需要是一致的。受到生活水平和社会环境的影响，中学生的休闲需求也在不断提高，休闲方式日益多样化，如看影视录像、听音乐、参加体育运动、交友、看课外读物、参加劳动、旅游、上网，因此，中学生的休闲生活也应该成为教育者充分关注的一个话题。

可是，在中学生课余以及节假日的休闲生活中，显现了不少问题，如交友是非标准不分、猝死网吧、沉迷于言情或武侠书刊与影视录像、破坏公物，不仅影响了他们的学习，严重损害了他们的身心健康，背离了休闲生活的实际价值与意义，而且对社会发展产生了消极影响。因此，如何引导中学生科学、健康地开展休闲生活，就显得非常必要。其中，在中学生的休闲生活过程中有机地融汇德育，是现代德育的客观要求，也是提高他们休闲生活质量的重要渠道。

（二）休闲生活融汇德育的界定

《现代汉语大词典》中关于"休闲"的词义中，有一种解释为"休息"；《国际标准汉字大词典》对"休"字的释义有八条，第一条解释为"歇息"；对"闲"字的释义有九条，其中第一条和第四条分别解释为"无事""与正事无关的"。

综合起来，我们所说的"休闲"与"休息"的外延并不完全一致，"休闲"应该理解为"休息"的一部分，主要指除了学生日常的衣食住行和学习之外，能够减轻疲劳和压力、不附带知识学习压力、愉悦身心的各种合法和合乎道德的正当活动。

（三）休闲生活融汇德育的必要性

中央教育科学研究所所长朱小蔓教授认为，未成年人学习道德是在"全时空"状态中，而不仅仅是在一个单独、特定的场合中学习，道德学习是无孔不入、无处不在、无时不有的；另一方面，未成年人在任何时候都有学习道德的时机，任何场合都可以学习道德。她还指出，道德教育必须渗透到课程改革中，渗透到各科教学中，渗透到学生日常交往生活中。因此，提高中学生的道德素质，不仅仅是在中学生的学科学习和基本生活中才能进行的，德育的场合与时机是多方面、多层次的，应该发挥德育的综合力量与效应。中学生的休闲生活蕴涵着很多的德育因素，需要我们去细心挖掘。

2004年2月26日，《中共中央国务院关于进一步加强和改进未成年人思想道德建设的若干意见》（以下简称为《意见》）出台，这是党中央、国务院为深入贯彻落实党的十六大精神，适应新形势、新任务的要求，重视全面提高未成年人的思想道德素质，而做出的一项重大举措，与2003年10月中共十六届三中全会提出的"以人为本、全面、和谐、可持续的科学发展观"也是一致的。可见，随着新形势的变化和新问题的出现，中共中央、国务院对中学生的德育日益重视。我们的德育也应该与时俱进，在德育领域、德育内容、德育方式等方面努力进行新的探索。虽然目前对中学生的休闲生活所进行的调查和研究在不断加强，而对于如何融汇德育的研究却十分稀少。

（四）拓宽对中学生休闲生活融汇德育的方式方法

中学生的休闲生活很大部分是处于学校与家庭教育视野之外的，一些不良的休闲生活习惯与方式，我们不容易直接跟踪、干预和控制，所以给我们实现"全时空"德育的难度加大，这就需要在德育方式上多一些思路，多一些创新，特别是在引领中学生思想转变方面，实际效果更佳，如果一味采取传统的单向"灌输"、强制、批评等方式，则很难奏效，甚至产生负面效果，像问卷、谈话、论辩、示范、文艺作品创作与表演等"软"的方式方法，"润物细无声"，中学生易于接受、乐于接受，可能会产生潜移默化的效果，更有利于中学生道德素质的提高。

1. 问卷法

科学的设计问卷，一方面可以了解中学生在休闲生活中的实际表现和想法，引起中学生在休闲生活中加强自我道德教育的关注和重视，知道道德水平体现在日常生活的一言一行，感悟到休闲生活中也渗透着道德教育，反思自身的道德素养；另一方面，有利于我们针对中学生休闲生活中存在的实际问题，采取一些切实可行的做法，引领中学生合理地安排自己的休闲生活，提高生活质量，促使道德素质的提高。

2. 谈话法

采用集体座谈与个别座谈相结合的做法，师生之间平等、自由交流自己的体会与想法，在相互思想交流和争锋的过程中，可以有效地帮助中学生不断改进自己的认识，解决思想认识的冲突，把原来模糊的甚至错误的看法转变过来，自主地改善和完善休闲生活方式，科学地休闲，健康地休闲，实际上也会促成他们道德素质的提高和道德境界的升华。当然，谈话的形式可以丰富多样，如中央电视台"实话实说"栏目的做法就可以借鉴。讨论法从目前中学生休闲生活中出现的典型个案或普遍性问题切入，如沉迷网吧、刻/画文物、看黄色书刊与录像，学生乐于参与，自由思考和发表看法的余地大，分析这些行为的性质、影响，商讨解决问题的措施与对策，彼此之间可以取长补短，集思广益，对同一问题的看法与认识会逐渐发生改变，在头脑中会留下深刻的印象，能够指导和改进以后的休闲生活，通过内在思想和外化言行的变化，养成良好的道德习惯，提升他们的道德素质。另外，设计根据"两难法"设计问题，对中学生的吸引力比较大。随着网络技术的发展，还可以开辟网上论坛，让更多的学生参与讨论。

3. 辩论法

采用辩论赛的形式，合理地设置观点相反的辩题，如"中学生休闲生活与道德有关"和"中学生休闲生活与道德无关""中学生可以进营业性歌厅"与"中学生不能进营业性歌厅"，把班级学生分为正反两方，或者选出口才相对突出的学生组成正方与反方两支答辩队伍，并且事先组织好准备工作，适当地安排培训工作。这种方法不仅形式新颖，趣味性强，而且竞争性鲜明，双方唇枪舌剑，你来我往，探讨得更深入，对学生的影响更深刻。示范法"榜样的力量是无穷的"，在学生中树立一些典型人物，宣传他们在休闲生活中表现出来的良好行为和优秀事迹，形成积极的舆论氛围，指引学生向他们看齐，向他们学习。中学生模仿能力强，道德素质可塑性强，但是是非辨别能力欠缺，特别容易受到社会上不良现象的影响，产生盲目模仿和盲目崇拜的倾向，典型人物能够为他们提供参照和学习的坐标，良好的舆论环境能够对他们发挥导向和熏陶作用。"近朱者赤，近墨者黑"，外部环境有时候对人的成长特别是未成年中学生的影响确实非常深远。

文艺作品法联系中学生休闲生活中出现的突出现象，挖掘其中蕴涵的道德主题，以学生喜闻乐见的文艺作品形式为载体，如小品、相声、漫画，引导他们去思考、去创作、去表演，学生积极性能够充分调动起来，既是对创作者、表演者自身的教育，也是对观看者、欣赏者的一种有效的道德教育，让他们在休闲的过程中感受到快乐与幸福，潜意识中逐步养成高尚的思想品质和良好的道德情操。这种做法在我们的德育工作中采用得比较少，不妨多多借鉴。

总之，中学生休闲生活是中学德育的一块重要领地，在休闲生活中融汇德育符合了现代德育的发展趋势，在与德育融汇的过程中，要注意坚持愉悦性原则、主体性原则、疏导性原则、系统性原则、开放性原则等，要贯彻"以人为本"的指导思想，贯穿科学发展观，促进个人与社会的和谐发展。

三、提升德育追求境界，塑造审美德育

（一）"师表"之美的塑造

学高为师，身正为范，"师表"对于教育美学而言本身就是一个审美范畴。对师表之美的追求古今中外教育实践中是一以贯之的。

1. 师表之美的作用机制。

建设美的师表形象有两个理论依据。

一是情感转移理论。人们很可能单纯地将他对一事物的积极感情转移到与该事物相联系的另一事物上去。电视广告的画面多是美女俊男就是这个道理。情感转移理论已为实验所反复证实。这一理论告诉教师尤其是德育工作者，首先必须在学生心中树

立一个美好的形象，至少不能成为学生在情感上的对立面。

二是一致性理论。当教师观点同学生原有立场不一致时就会产生一种改变态度的压力。

按照一致性理论，减轻压力有许多方式。与德育目标相一致的态度改变可以发生在师表在学生认知及情感上具有足够能量（吸引力）的时候；否则学生会采取坚持己见，贬低宣传者（教师）的态度。因此，重要的因素在于教师能否成为一个崇高的不容否定的审美存在。这又一次使师表之美的塑造的重要性凸显出来。

2. 师表之美建设的几项具体要求。

传播者的宣传效果首先取决于宣传者本人的可靠性和可信性。即人们较易受到专家权威以及我们可以信任的人的影响。美国心理学家阿伦森和戈尔登曾让 6 年级小学生听一个宣传算术重要性的演讲，讲演者被介绍为某个大学毕业的获奖工程师或以洗盘子为生的工人。结果证明在影响学生对算术的看法的效果上前者远远大于后者。德育者不是算术教师，他不仅应是一个道德理论专家，而且必须是学生人生智慧方面的导师。如果德育工作者对本门专业都不甚精通，那么面对这个复杂且变化莫测的世界及其影响下的学生，可想而知，他的影响力会有多大。因此德育教师首先必须成为政治科学、伦理科学、教育科学多领域的专家和权威，至少相对于他的学生和他所承担的任务时必须如此。没有睿智就没有师表之美。其次是可信性问题。由于每个学生都先验地知觉了德育者是"灵魂工程师"这一命题，所以他的德育对象很容易对德育者的动机产生问题。如教师一开始就被学生认为是来搞宣传的，是靠说教谋生者，则他的学生就不可能给予他以充分的信任，因此他的说服力将大大打上折扣。要防止这一结果的发生，社会心理学认为至少要作到三点：内容的真实性；证明对态度及其改变的引导与自己的利益无关；影响的意图具有隐蔽性。内容的真实性取决于内容本身也取决于对内容的安排和讲授的技巧。许多教师在对高年级讲人生的某种选择时，只讲一种死的必然性、不考虑人生的复杂性的一面，不是在真实的背景上讲解，而完全是一种单纯和虚幻王国的描写，有的甚至使师生关系变成了完全的灌输和背诵的关系。这样的教学对于学生尤其是高年级的学生没有丝毫的影响力是毫不奇怪的。对于第 2 点则应努力使学生区别职业利益和真理价值本身的不同，努力将自己的言论归因于事实，使学生确信我们探讨的是真理而非个人私利。第 3 点则意味着必须将抽象和直接的德育内容寓于具体、感性的生活材料当中，审美的要求更为直接。以上三点要求侧面不同，但有一个共同之处那就是德育过程必须追求将科学内容寓于审美性、形象性的教学之中。只有作到这样一点，我们才有可能实现讲授内容的真实性及讲授的非功利性、隐蔽性，提升学生的道德境界，同时春风化雨、潜移默化我们的德育对象。

德育实效的取得与提高还取决于德育者本人的吸引力。教师的吸引力实质上即师表之美的创造与展示。这首先取决于上述教师形象的可靠性和可信性的塑造，其次又取决于为实现这一塑造的另外一些具体方面，如人格、表达和仪表等。常常有许多德育教师在课堂上讲的是冠冕堂皇的一套，在课堂外则反其道而行之的例子。这样的教师不仅使其德育效果大打折扣，而且其双重人格的形象特征更会给学生以坏的榜样，丑恶的榜样会导致对丑恶的模仿，因此这样的教师不仅不合格而且是反教育的。在清除双重人格树立良好的人格形象的前提下，教师还必须在表达上和仪表上注意美化自身。贾德森-米尔斯和E-阿伦森曾做过一个简单的试验，一个美女，仅仅因为其美丽，就能在一个与美貌毫无关系的问题上对观众的观点产生很大的影响力，而且当她公开表示要影响观众时（意图明显），其影响力达到最大程度。其他实验也证实：越是吸引人的宣传者，宣传的影响力越大。德育对教师形象美的要求更注重其内在美的方面，我们固然不能要求德育工作者都成为美女或演员，但是，要求教师在教育过程中和过程外将自己内在和外在的美通过合乎审美律的表达、仪表、行为展现出来，以增强其德育影响力则是完全可行和必须的。

教师良好形象的确立不仅对当前教育效果提高具有立竿见影之效，而且如果这一美好形象确实是令人刻骨铭心的，她将成为学生学习生涯美好回忆的一部分，则可能增进态度学习或改变的持续性，也就是通常所说的"影响学生一生"。因为社会心理学业已证实，接受（宣传）者在有关线索不断被提醒的情况下，高信度的传播者的持续影响力永远大于低信度的传播者。

（二）同学关系的审美建设

德育工作的任务是要让学生最终确立起自己的正确的道德体系。要完成这一任务，教师除了发挥师表的魅力，努力传道授业之外，重要的途径之一是要努力促成教育对象间正确的人际关系，营造同学关系的审美氛围。一个具有审美价值的积极的同学关系可以使教育对象生活于一个较有利于其态度学习、改进和巩固的人际环境之中。

作为德育对象的学生个体同时就是一个自觉或不自觉的信息传播者，道德宣传员，而且因其同学身份，这一宣传的性质最为隐蔽最具非功利性，因而一个德育受体极有可能将其对某一同学的好恶转移到与该同学相联系的认知及态度上去。加上良好的同学关系中的情感投入往往强度很大，当道德上的认知失调发生时，学生极易倾向于采取同自己的伙伴趋同的态度。而当两者的观点同一时，则会大大强化原有的态度。认知——情感一致性理论则更强调情感的作用，认为人们的认知中相当一部分是由情感的好恶决定的，认知趋向于同情感取得一致，产生协调。

个人直接接触对态度和观念的影响要比大众传播的影响要大而且深远。爱斯汀等人曾经询问大学毕业生，在教科书、教授和同学好友之间哪种接触对他影响最深远。大部分人都认为同学好友的影响最大；教室以外的个人直接接触对一般大学生在大学生活中的态度、信念的改变具有强大的影响力。当教师面对众多的学生时，他固然可以使自己的讲授更加生动，也可以使自己的教学实现"因材施教"的目标，但班级授课制使教师负重过大，他在个人直接接触方面远不及一个同学的同窗好友。教师促进良好的同学关系的形成则可以视为这一遗憾的补缺。

第三节　内化方式探索之二：家校互补，融汇沟通

一、家庭教育与家长心理

家庭教养的品质深受家长素质的影响。家长本身的学问、道德、性格、兴趣、修养、仪态、行为以及谈吐等方面，都会对子女的思想品德、行为习惯、学习效果等产生一定的引导和潜移默化的深刻作用。家长的心理素质以及他们在教育子女时所展现出的心理状态，决定了他们对子女采取何种教育方式。家长对学校的看法，反映了他们在家庭教育方面的多种不同层次的心理水平，而家长不同的心理水平，对其家庭教育的品质具有至关重要的影响。目前，家长普遍存在以下四种心理状态的倾向。

（一）依赖心理

有些家长认为，学生的衣食住行是他们作为家长应尽的职责，而教育则应由学校和教师负责。因此，这类家长初次见到教师时，便急忙表明："我们学校的老师都非常尽职尽责，我们家长文化水平不高，不懂得教育方法，无法辅导学生。这个孩子平时只听老师的话，我们只好拜托老师多管教。"这几句坦率的话，将教育子女的重任完全托付给了学校，依赖老师来管教学生。这些家长的潜意识中认为教育学生仅仅是

老师的任务，因此在日常生活中，他们只关注孩子的"吃饱穿好"，很少关心孩子的教育问题，有时甚至还不自觉地掩饰子女的缺点。一旦子女犯了错误或学习成绩不符合家长的期望时，家长就容易产生烦躁情绪和不满的心理状态，"恨铁不成钢"，于是常常不问青红皂白地严厉训斥子女甚至打骂一顿了事。这种源于依赖心理所导致的触及皮肉而不触及思想的简单做法，往往治标不治本，反而会逐渐形成家长与子女对立的局面。

（二）应付心理

俗话说："知子莫若父，知女莫若母"，父母是孩子最为亲近之人，对其个性特点有着深刻的了解。应当充分利用双方在血缘、情感和教育时机方面的优势，进行全面的因材施教。然而，部分家长在教育过程中过于懒惰，只是机械地照搬老师所提供的反馈，并未充分考虑孩子的实际情况。在家校沟通过程中，家长往往仅针对教师的提问进行简单回应，对于孩子的不足或问题常常采取回避态度。这种消极应对的方式，往往导致教育效果与预期目标背道而驰。

（三）合作心理

与单向影响子女成长的家长心理不同，合作心理是一种更加积极和深入的教育模式。在这种模式下，家长对教师充满信任，并积极主动地与教师沟通，如实反映子女在家的表现，同时积极了解子女在校的情况和当前的教育重点。在此基础上，家长和教师可以共同探讨子女的实际情况，制定出切实可行的教育策略，彼此分工合作。这类家长深知教育子女需要深入了解他们的成长水平和个性特点，因此在与教师的交流中，他们能够不断地进行分析，采用符合子女心理需求的教育方法。一旦发现问题，他们都能积极地与教师合作，找出原因，帮助子女吸取教训，尽快改正错误和缺点，从而取得更好的教育效果。

（四）目标心理

家长能根据子女年龄特点和各方面素质的水平以及学校的要求，认真思索，对子女提出切实可行的近、中期目标，并善于进行目标管理。经常观察、督促、鼓励、矫正子女实现目标的可达程度。家长能主动地和教师商量目标的可行性，与教师一起分析子女的兴趣爱好、个性特长、身体条件等心理、生理特点，制定出实事求是的目标和教育措施。尽管目前这类家长为数较少，但由于教育效果明显，因而这种做法能起到引导和榜样的作用。

二、学校教育与家庭教育的互补互动

在德育领域，学校教育与家庭教育各自具备独特的优势，两者相辅相成，能够提高学校德育与家庭德育的整体合力。这是一体化互动的其中一层含义。目前，从我国家庭教育的现状来看，由于历史原因，家庭教育趋于狭隘，德育功能相对较弱甚至迷失。在这种情况下，学校需要发挥自身优势，帮助家庭教育弥补历史遗留的缺失。这是一体化互动的更深层含义。为了达成学校教育与家庭德育的良好一体化互动，必须找到一个双方可以互相沟通和补充的现实结合点，寻求一种有效的实际操作方法。因为学校德育和家庭德育各自具有特点和要求，只有在尊重双方个性特征的基础上，才能实现良好的一体化互动。试图用学校德育取代家庭德育，或者以家庭德育的模式来要求和操作学校德育，都是不合理且不科学的。

（一）学校教育的规范性与家庭教育的发散性特征互补互动

相较于家庭教育，学校教育具有显著的规范性特征。首先，学校教育担负着传递人类精神财富和社会文化，普及和提高人民群众科学文化知识的社会职能，因此，学校教育必须体现出促进人类文明进步、推动社会发展的历史使命；其次，学校教育必须根据社会在政治、经济、道德等方面的要求，按照特定社会所需的人才规格标准，实现一定社会发展水平形成的教育理念，达成社会期望的培养目标；再者，从我国现行的学校操作方式及具体的教育过程来看，教育活动的主要设计依据，基本上是以"常态分布"的理念来规范自身教育行为，确保能够满足发展水平相近的大多数学生需求。与学校教育的规范性相比，家庭教育更体现出发散性的要求。

如果说学校教育必须体现出促进人类文明进步、推动社会发展的历史使命，那么家庭教育则更多关注自身家族利益和家庭利益。尽管随着现代家庭结构的变化，家族利益显得不再那么重要，当代家庭往往将孩子的学业发展与家长的"面子"和孩子未来的前途等切身利益紧密联系在一起。每个家庭都有其自身的功利目标取向，从而形成家庭教育的发散性特征。如果说学校教育在发挥促进学生社会化进程的社会功能时，必须反映社会在政治、经济、道德等方面的社会要求，那么家庭教育则更体现出每个家庭和家长自身的愿望和要求。每个家庭、每位家长都有其独特的文化背景，各种独特的社会背景都会产生出不同的期望类型。有的家长期望子女学业长进，学识高深；有的家长期望子女从政经商，升官发财；有的家长期望子女安于平淡，知足常乐……各个家庭和家长的不同期望反映出众多个体的需求，从而形成家庭教育的发散性特征。

如果说学校教育在具体的教育过程中，主要是以发展水平相近的大多数学生为设计依据，那么每个家庭和每位家长在自身的教育过程中，都是专注于自己的孩子，关注的就是他们的"这一个"。

因此，将家庭环境中的教育与学校环境中的教育进行比较，我们就会发现，在家庭环境中的教育可能会更加忠实和全面地体现教育的个性化要求；在教育设计问题上，家庭教育就比学校教育的整体规范性具有更加明显和突出的个体发散性特征。

通过以上分析，我们可以看出，学校教育和家庭教育在特征上存在差异。所谓一体化，正是基于尊重各自特征的基础上，促进相互沟通、协调，产生互补、互动。在功利价值取向方面，学校关注社会整体利益，与家庭关注家庭个体利益，两者并非矛盾对立，而是可以整合互补。在此整合互补过程中，也体现了当今社会倡导的社会利益、集体利益和个人利益相互兼顾的基本原则。在教育设计方面，学校面向"常态分布"的大多数学生，与家庭关注子女的个性化要求，两者也并不矛盾对立。以家庭个性化设计补充学校的"常态分布"要求，才能真正体现"面向全体学生"的素质教育要求。学校教育的规范性反映了学校教育的社会功能本质特征，而家庭德育的发散性则反映了社会生活的丰富多样性特征。二者都是客观现实的反映，两者之间的关系并非矛盾对立，而是可以互补互动。

（二）学校教育的理性特征与家庭德育的非理性特征互补互动

学校德育的理性特征与家庭德育的非理性特征，表现在以下几个方面：

1. 从事德育活动的主体教师与家长，他们的社会角色特征有着明显的差别

学校的教师是教育领域的专业人士，他们具备丰富的教育知识和技能，能够引导学生健康成长。然而，作为家长，我们承担着教育子女的责任和义务，虽然我们尽力而为，但我们并不具备学校教师那样的专业优势。随着社会的发展，生产方式和人们的工作方式发生了巨大的变化，社会分工使得学校教育成为一种特殊的生产部门，并得到了进一步的发展。这在一定程度上削弱了家庭的教育功能，也使得家长的教育意识逐渐淡化。因此，家长们往往更加注重自身的养育功能，忽视了自身的教育角色。

2. 教师与学生、家长与子女，它们的关系特征有着明显的差别

在学校，教师与学生之间的关系是一种基于社会分工的契约关系，需要双方在教与学两种社会活动中建立并维护。一旦教学活动发生中断，这种建立在契约基础上的关系也会随之客观上中断。为了确保教学活动的正常进行，社会以具有契约性质的规范对双方的行为进行制约，要求教师和学生都以理性的态度来保证自己的行为受到契约的约束。学校的师生关系，作为一种只具有社会属性的关系，其价值取向、行为特征和教育效果在一定程度上是由家长与教师之间的契约关系决定的。然而，在家庭中，家长与子女之间的关系则是一种既有社会属性，也具有自然属性的血缘关系，这种关系具有永恒性，不会因为客观或主观因素而中断。这些关系的特征在一定程度上也决定了家长与教师之间的教育方式、方法和效果。

3. 教师与家长，在教育行为特征方面也有着明显的差别

上文所述，教师与学生、家长与子女的关系皆有其特定的社会属性。教师角色的专业理性教育特征，以及家长基于血缘的自然与社群属性，二者在此社会契约关系中表现得淋漓尽致。至于子女与家长的关系，亦兼具社会与自然的属性，尤其是出于种族延续的本能，使养育行为中展现出的人类教育意义随处可见。反之，家长的教育行为中也不乏反映自然本性和生物本能的行为和现象。学校教育具备明显的理性特征，而家庭教育则呈现出非理性的一面。为了实现学校德育与家庭德育的一体化互动，我们必须发挥学校教育的专业优势，延伸至家庭教育之中，提升家长的教育理性，使其在教育过程中尽量减少本能冲动的负面影响。而对教师而言，也应从家庭教育中的情感受性特征调整自身的教育行为，做到情理交融。学校与家庭都是实施教育影响的重要区间。教师与家长尽管角色不同，但都各自发挥教育功能，应以情理充实和改进教育行为。只要双方协调合作，就能在不同区间中实现一体化互动，对学生和子女产生综合性影响。这样的互动模式无疑将促进教育的完善与发展。三、家校联系途径种种

（一）教师与家长常规性的联系途径

1. 家长会

根据学校工作进程，一般期中、期末考试结束或举行大型活动之前，召集家长，沟通情况。因为时间有限，双方只能肤浅地了解面上的情况。

2. 家庭访问

通常情况下，家访能够详细了解学生在校内外表现，发现潜在问题时及时与家长

联系，确保问题得到及时解决。定期联系则是对有问题的学生进行商定，随时互通情况，督促教育。家访能够针对学生具体情况，采取具体措施解决问题，促进家校之间的紧密联系，帮助家长树立正确的教育观念，减少对学校和教师的依赖心理。因此，家访在教育工作中具有重要意义。

3. 家长来访

家长在教育子女方面具有主观能动性，通过积极参与子女教育，可以充分发挥这一优势，同时也能够适当减轻教师的工作压力。

4. 电访信访

随着通信技术日益成熟，教师与家长之间可通过电话随时保持紧密沟通。虽然受时间限制，但对于工作在异地的一些家长，这无疑是一种高效的方式。常规性的联系，确实能帮助我们了解学生在校内外的表现，把握部分学生的个性心理特征。这在一定程度上改变了部分家长在教育子女问题上完全依赖学校、教师的心理状态。然而，对于教师来说，面对的学生众多，单靠这一途径很难深入了解每个学生的内心需求。因此，教师与家长的沟通途径必须拓宽、加深，不能仅限于电话联系。必须寻求更多元、更深度的交流方式。

（二）教师与家长研究性的联系途径

在当今的教育环境中，我们需要运用扎实的现代教育理论知识，严谨的科学研究方法，对学生们的家庭背景、家长对子女的期望以及教育子女的方式等成才动力因素进行深入的调查分析。通过个别谈心等方式，我们可以了解学生的道德品质、行为规范的层次以及心理素质水平，从而准确地把握学生内心世界和所处的外部环境的信息。在此基础之上，我们应与家长保持密切的沟通与合作，适时召开部分家长座谈会，邀请相同类型学生的家长共同参与，探讨教育方式。这种研究性的家校联系方式能够充分调动家长的主观能动性，促进家长与教师的良好合作，及时处理问题，针对性强，取得较为明显的教育效果。这种方式改变了以往教师出主意，家长照办的形式主义心态，充分体现了主动性。通过定性定量的研究分析，我们可以获得较为准确的信息，这种研究性的家校联系途径是值得推广的。

（三）教师与家长探索性的联系途径

部分学生家长学历层次较高，具备一定的教育理论知识，他们能够根据子女智力和非智力因素，为子女的成才设计出符合个人特性的奋斗目标。尽管这类家长人数较少，但他们的教育观念将代表着家庭教育的发展方向。在独生子女比例越来越大的今天，具有目标导向的家庭教育尤为引人关注。因此，我们应在相互信任的基础上，积极为他们创造条件，并协助他们共同探索家庭教育规律，以实现教育子女的目标。在此过程中，家长学校是一条很好的探索性家校联系途径。我们可以通过邀请专业的教育理论工作者为这些家长进行不定期的理论辅导和专题讲座，为家长提供理论武装；也可以及时召开共同感兴趣的家庭教育问题的研讨会，交流教育子女的经验与教训；同时，我们还可以经常提供对学生进行定性定量分析的各种信息，使家长在了解学生共性问题的基础上，结合自己子女的个性问题，具体考虑对策措施和教育方法。此外，我们还可以邀请这些家长代表在家长学校中分享育人经验，促使其他家长的心理水平由依赖、应付性逐步向合作、目标性转化。这三种家校联系途径的作用机制在于：通过常规性、研究性、探索性的家校联系途径，使教师和家长将学生（或子女）作为研究对象，通过观察学生（或子女）的外显行为和调节作为手段，达到教育孩子的目的。这是一个封闭的环路，能够实现对学生（或子女）的全面了解和有效指导。

四、农村家庭德育思考

（一）家庭德育的必要性和重要性

1. 家庭德育是素质教育发展的需要

传统教育重智轻德，使受教育者在品德、智力、体质等方面得不到全面发展。在家庭教育中，重视智力的发展无可厚非，但如果因此而忽视了对子女的思想品德教育，必将使孩子发展不和谐，甚至走入危险的境地。现代著名教育家陶行知就强调："道德是做人的根本"。没有道德的人，学目前，家长在教育子女方面有较高的积极性，"望子成龙""望女成凤"，读书无用论似乎一去不复返了。但究竟怎样的孩子才算"龙"或"凤"，恐怕很多家长并未弄清楚。在他们的眼中，往往是分数代表着一切。于是，在他们的观念里，家庭教育就跟辅导孩子学习画上了等句。子女的学习成绩不仅影响父母对子女的态度，还影响父母的情绪，甚至影响家庭的安定与和睦。孩子的学习情况当仁不让地作为大众议论的热点问题。孩子上名牌学校，获优秀成绩常常是父母炫耀的资本。

2. 农村家庭德育能力薄弱，父母与子女沟通难

沟通难的第一个原因是农村家长忙于生计，平时无暇与孩子交流。温岭市位于东南沿海地区，经济相对较发达，但家长中绝大部分渔民与在外经商的生意人。他们往往只能给孩子，提供一定的物质条件，而忽略了从精神上关心孩子，更不要说与孩子进行平等、积极有效地沟通了。大家一定还记得今年上半年某中学的一位学生的自杀事件。事后他的父母的震惊与难以置信，恰恰就暴露了家长与孩子缺少沟通的弊端。

当然农村家长文化程度不高，缺乏最基本的家庭教育知识，对孩子在学校的学习状况了解不多，对于孩子平等交往与沟通理解不足，也是造成父母与子女沟通缺乏的原因。

3. 农村家庭成员教育水平不平衡，教育力量内耗

在农村，在很多家庭都是祖孙同堂，祖父母和父母之间存在教孙教子的观念差异，祖父母的宠溺和父母的管教往往形成拉锯的局面是司空见惯。就是父亲和母亲，有时也会不统一，往往会造成父严母护的局面。这样的情况下，往往造成孩子的无所适从，或盲从一方，叫他们如何去正确地分析和判断事物呢？

4. 农村家庭德育水平低，德育情境缺失，教育方式简单、粗暴

德育，要借助于相关的情境，依赖受教育者对真、善、美的真实体验，要靠特定情境中受教育者的内悟、反省、自责、自律等深层次的精神搏击过程，才能形成他的道德理念，进而转化为外显道德行为。长期以来，一些父母总是把孩子摆在不平等的位置，总是按大人的理想去设计孩子，强求孩子，只是灌输，很少创设情境进行交流。因此家长往往出现如下几种不良的家庭教育方式：

（1）棍棒型。农村家庭中的父母文化水平大多不高。这类家长认为，子女自己生的，要打要骂，自己做主，久而久之，孩子缺少家庭的温暖，怨恨之心积于心坎。

（2）训斥型。这类家庭的典型特点是"棍棒在嘴上"，虽然对子女的拳打脚踢不多，但骂声不绝，实际上是对子女的精神折磨，同样带来孩子的心灵创伤。

（3）管束型。这类家教方式在本意上是对子女的说服教育，同时也称得上"苦口婆心"。这类教育对子女的清规戒律太多，这也不可，那也不行，同时在语言上又唠唠叨叨，使子女生厌，容易生出逆反心理。

（4）溺爱型。对子女宠爱有加，百依百顺。子女成了家庭的中心和主角。以娇宠为典型的溺爱型家庭把主要精力集中在子女的吃、穿、用上，养成他们骄横、任性、

唯我独尊的性格。

（5）诱惑型。这类家庭教育崇尚物质刺激的诱惑，企图以物质的奖赏来激励子女听父母的话，实现父母预期的目标。然而事实恰恰相反几乎没有一个品学兼优的孩子是靠物质诱惑出来的。

5. "残缺家庭"的家庭德育令人担忧

它包括"单亲家庭"或"离异家庭"，家长或家庭成员被判刑的"过失家庭"，以及父母外出务工、经商，而将孩子寄留家乡的"留守家庭"。由于"家庭残缺"而造成"家庭教育的残缺"，使得这些家庭的孩子情绪异常。表现为内向、胆怯，不善与人交往、任性、自私等。且普遍存在学习困难，行为纪律散漫，品德不良等问题。

6. 农村家庭德育，过分依赖学校

许多家长认为只要让孩子衣食不缺就行了，所以有些家庭就完全把孩子交给了学校，有些甚至可以说是扔给了学校。大多数农村家长说得最多的话是"教师，麻烦您了，我们都没什么文化，全靠您了"。还有些家长会说："我们花了钱送孩子到学校来，孩子怎么成了这样？他以前的老师都说他聪明的啊！"而这些家长的孩子，往往最容易出问题，而一旦出了问题，家长们却从不明白自己的位置在哪里，而一味地感叹自己的孩子没有遇上好的老师，甚至指责学校误人子弟。这样家庭的孩子，又怎能学会严格要求自己，主动追求自我完善呢？

（三）农村家庭德育面临的新问题

1. 社会环境的消极影响

随着改革开放的进一步深入，农村家庭中固有的旧的文化思想体制逐渐被打破，新的文化思想正在逐渐建立。在这社会转型时期，西方伦理思想与我国的德育传统发生了激烈的碰撞，西方思想和生活方式很容易使人们产生迷茫、困惑和疑问。个人主义、享乐主义、拜金主义等思潮正在滋生蔓延，使得许多作为教育者的家长自身道德判断出现困难，家庭德育实施中时常出现困惑，进而给学生的思想带来了负面影响。

2. 农村电子媒介的普及

近年来，随着生产的发展，人民生活水平显著提高，电视、电脑等电子媒介大量进入家庭。在我们这里的农村，也有不少学生个人拥有电视、电脑等电子媒介。电子媒介具有两面性：一方面它是重要的信息和知识的来源，是社会道德价值观的传播者；

另一方面，又会带来大量的信息污染：如网上言论、网上聊天、网上交友、网上游戏等负面影响，使童稚心灵受到污染。因此，家庭德育也面临严峻的考验。

3. 家庭德育中的"反哺"现象

在现代社会中以下现象不容忽视：社会上的新知识、新观念、新事物层出不穷，而成年人对新情况的适应能力远不如孩子强；父辈的知识过于陈旧，子辈则因更贴近时代特点而能够向父辈提供新的信息和生活方式；父辈在教育过程中无法单向传输祖辈遗训去影响和教育孩子，双向影响的趋向越发明显突出，即成年人反过来有时向孩子学习。农村家庭中"反哺"

现象使家长履行家庭德育的能力遭到削弱。

（四）优化农村家庭德育几点对策

1. 学习家庭教育的知识，不断提高家庭教育水平

部分家庭在子女教育上陷入误区，主要是由于缺乏科学合理的家庭教育知识，从而采用了错误的教子方法。例如，一些家长未能把握好"爱严结合"的原则，结果陷入了"溺爱"或"暴力型"的误区。为解决这一问题，家长应积极参加"家长学校"的学习活动，听取家教知识讲座，自学家庭教育资料。在掌握理论知识的基础上，结合自身教育实践，思考并尝试解决一些问题，以逐步提高家教水平。

此外，为了进一步提升家教水平，家长还需不断提高自身素质。因为家长素质的高低直接影响家教水平，决定着家教的成败。家长需要不断提升自身的道德品质，加强思想修养，提高自身的文化科学知识水平，具备开朗、善良、耐心细致、情感健康等良好的心理素质，树立正确的教育观和恰当的期望值。最重要的是，家长要以身作则，身教重于言教，从而给孩子以潜移默化的教育，使孩子健康茁壮地成长。

2. 优化家庭、学校德育功能，融合教育力量

农村家庭德育的现状和面临的新问题启示我们：要想提高家庭这个特殊环境对子女的思想品德教育，不仅仅是家庭的责任，学校、社会也有不可推卸的责任，尤其是学校。学校应充分利用各种渠道，如家长学校、家长会、家长开放日等，运用现代教育和素质教育的观点，全面指导家庭教育，提高家长对家庭德育的认识。从而提高家长自身的道德素养，更新教育观念讲究科学方法，创设优良的家庭环境等，使家长从"智育保姆型"向"德育导师型"转变。促进教育合力的形成。

3. 大力改善学校教育环境，培养学生的自我教育能力

学校应积极引导学生走向社会、接触社会、观察社会、思考现实问题，密切联系社会实际，提高学生的人生阅历、生活体验、实践能力和思想认识，让他们渐渐懂得要关注家庭、关注学校、关注社会、关注人类、关注更广阔的时空……同时，培养自己对自己提出任务，主动采取措施，自觉进行思想转化和行为控制的能力，以培养自己高尚品德，不断提升自我教育的能力和调控能力，减少或弱化农村家庭德育中不良因素的影响。

4. 改善社会环境，培养良好的德育环境

全社会要致力于提高人民群众的整体素质，特别是提高农村人民群众道德素养。继承和发扬我国的传统美德，消除腐败现象，消除封建迷信，消除不正当竞争。另外，应加强网络、网吧的管理工作，加强说理和积极的引导，使青少年在不知不觉中接受正确的观点，主动与错误言行作斗争，提高自己并带动周围的人共同提高和进步，形成一个健康、向上的社会环境。

参考文献

[1] 唐英,王梅. 基于内容分析法的"四新"课程思政建设目标研究[J]. 教育教学论坛,2021,(48):141-144.

[2] 冯守权. 提升县域高中办学水平,为乡村振兴提供人才保障[J]. 教育家,2021,(38):9-11.

[3] 吕玉刚. 全面加强县域普通高中建设[J]. 教育家,2021,(38):1.

[4] 杨勇. 振兴县域普通高中全面促进教育公平[J]. 教育家,2021(38):6-8.

[5] 李胜利. 基于考试招生制度改革的县域普通高中学生生涯规划研究[J]. 新课程,2021(49):13.

[6] 邓云锋. 山东发展县域普通高中的探索与实践[J]. 教育家,2021(38):18-19.

[7] 刘丽群,张文婷. 振兴县域高中:何以必要及如何可能[J]. 湖南师范大学教育科学学报,2021,20(06):8-13+21.

[8] 郭丛斌,徐柱柱,张首登. 超级中学:提高抑或降低各省普通高中的教育质量[J]. 教育研究,2021,42(04):37-51.

[9] 雷望红. 我国县域高中发展的运行逻辑与振兴道路[J]. 湖南师范大学教育科学学报,2021,20(06):14-21.

[10] 张政. 基于多源数据的县域公共服务设施空间优化研究[D]. 河北工程大学,2021.

[11] 徐前锋. 办更有格局的优质教育[N]. 江苏教育报,2021-12-15(004).

[12] 毕增亮. 新时代山区县域普通高中育人方式改革探索——以河北省井陉县第一中学为例[J]基础教育论坛,2021(21):27-28.

[13] 李建民. 激发县域普通高中内生力探索可持续高质量发展路径[J]. 中小学校长,2021(12):27-31.

[14] 秦建平,张惠,邓森碧,贾巧枝. 基于学生可持续发展——成都市中小学教育质量

综合评价指标研究[J]. 教育科学论坛,2015,(08):75-80.

[15] 尚珊,王祎. 基于TAM模型的微博用户持续使用信息行为[J]. 晋图学刊,2021,(04):23-31.

[16] 刘精晶. 高校教师时间监控观与工作绩效关系研究[D]. 大连理工大学,2009.

[17] 庄会紫. 在线学习持续意愿影响因素及其提升策略研究[D]. 吉林大学,2021.

[18] 汤长安. 基于网络的高技术集群企业技术能力成长与演进研究[D]. 中南大学,2009.

[19] 王洪影. 浅谈新时期教育者的责任[J]. 科教文汇(下旬刊),2009(10):14.

[20] 闫青婷. 改革开放以来中国农村改革政策的调整与完善[D]. 河北师范大学,2020.

[21] 孙非寒,叶崇凉. 乡村振兴视野下的温州乡村文化创意空间营造研究[J]. 新西部,2020(15):42-43.

[22] 郭丛斌,夏宇锋. 超级中学对农村学生精英大学入学机会的影响[J]. 高等教育研究,2021,42(07):45-57.

[23] 曾维希. 生涯发展的混沌特征与生涯辅导的范式整合[J]. 电子科技大学学报(社科版),2012,1.

[24] 曾维希. 生涯发展的混沌特征与生涯辅导的范式整合[J]. 电子科技大学学报(社科版),2012,1.

[25] 王宏. 高中职业生涯规划研究[D]. 郑州大学,2018.

[26] 邓广勋,农村初中生职业生涯规划教育研究——以贵州省w县为例[D]. 东北师范大学2017.

[27] 李月宁. 高中生涯发展现状与影响因素研究[D]. 浙江师范大学.2016.

[28] 黄顺. 高中生生涯辅导需求调查研究[D]. 南昌:南昌大学,2016.

[29] 王淑会. 唐山市重点高中生涯规划教育现状、问题及对策研究[D]. 河北师范大学,2018.

[30] 郑雅君. 高中教师学科生涯辅导能力的现状及影响机制研究[D]. 华东师范大学,2020.

[31] 顾雪英,魏善春. 新高考背景下高中生涯教育:现实意义、价值诉求与体系建构[J]. 江苏高教,2019.

[32]张青洁.新高考形势下高中生涯教育校本课程开发研究[D].郑州大学,2017.

[33]林婷婷.新高考背景下"三位一体"的生涯模式的实践与探索.[J].中小学心理健康教育.2020(06)33-04.

[34]吴树山,高中职业生涯规划教育的建构与应用研究[J].现代科学技术.2019(08)140-05.

[35]李莹.高中生涯教育网络课程平台设计与实现[D].河南师范大学,2017.

[36]金莉.高中生物课程渗透职业生涯教育初探[D].东北师范大学,2011.

[37]田甜,新高考改革下高中地理教学的策略研究[J].华夏教师.2019(12)78-72.

[38]叶剑,刘静.中小学教师生涯教育意识现状调查报告-以成都市青羊区为例[J].教育科学论坛2019(06):27-09

[39]史玉霞.高中生涯教育存在的问题及对策研究[D].鲁东大学.2013.

[40]赵志敏.职业教育人才培养模式分析——以城市轨道交通运营管理专业为例[J].时代教育,2017(09):83.

[41]程同顺,郑天喆.高校学生自治的政治学分析[J].江苏高教,2002,(05):80-83.

[42]姜忠勤.加强县域高中建设提高县域高中教育质量[J].基础教育论坛,2022,(05):12-13.

[43]李德显,刘辉.乡村教师政策激励"低效化"的困境与超越[J].教育文化论坛,2021,13(05):50-55.

[44]张徐生.县域高中应对新高考的教育变革[J].福建基础教育研究,2021,(07):15-18.

[45]彭媛.城乡高中教育差异比较研究[D].苏州大学,2014.

[46]童帅,教育现代化背景下南陵县高中阶段教育发展策略研究[D].安徽农业大学,2019.

[47]谭夏妮.超级中学的治理:合理引导教育投资行为[J].现代教育科学,2017,(02):39-43.

[48]熊丙奇.改革高中育人方式全面深入推进新高考改革[J].江西教育,2020(10):14-15.

[49]刘晓璇,林成华.研究型大学研究生跨学科培养模式的要素识别与模式构建——

基于内容分析法的多案例研究[J].中国高教研究,2019,(01):66-71.

[50]廖文婕.我国专业学位研究生培养模式的系统结构研究[M].厦门大学出版社：2013,10.

[51]张中奎.乡村振兴背景下民族村寨治理权威嬗变与能人权威的兴起——以贵州省为考察中心[J].广西民族研究,2019(02):83-89.

[52]李颖.张家港市J镇农村人居环境治理研究[D].西北农林科技大学,2021

[53]梁博强.四个"协同"推进县域军民融合发展战略——以浙江省长兴县为例[J].经济师,2018(04):38-39+41.

[54]罗高丽.乡村振兴战略下县域经济发展新态势[J].南方农业,2019,13(24):83+85.

[55]听乡村振兴铿锵之声[N].中华合作时报,2022-03-08(A03).

[56]贾大猛,张正河.乡村振兴战略视角下的县域高质量发展[J].国家治理,2020,(16):13-15.

[57]吴明隆.问卷统计分析实务——SPSS操作与应用[M].重庆:重庆大学出版社

[58]胡金波.推动高中以优质强化特色[N].中国教育报,2010-11-01.

[59]李文辉、王强,金融英语课程教学质量学生满意度实证分析——以哈尔滨金融学院为例

[60]《黑龙江生态工程职业学院学报》-2010-11-20

[61]杨丽.高校职业生涯规划教育体系的构建[D].复旦大学,2009.

[62]林幸台,《我国大学生决策形态与职业决策行为之研究》[J]章华师范大学辅导学报,1982.(7):35-42http://www.gov.cn/jrzg/2010-07/29/

[63]朱开轩.《全面贯彻教育方针,积极推进素质教育》,转引自国家教委基础教育司编.面向21世纪,开创基础教育的新局面[M].北京:北京师范大学出版社,1997:25.

[64]游安军.黎华.《简论应试教育的社会历史根源和现实基础》[J].教育科学.1994(3):7.

[65]廖军李志勇.《从精英到大众:我国高中教育定位之思考》[J].教育科学研究,2011(2):21.

[66]杨勇.《职业指导与就业技巧》[M].中国物资出版社 2004:96.

[67]沈雪萍.《大学生职业决策困难的测量及干预研究》[D].南京师范大学.2005.5.

[68]关晶.《美、英、法学校职业指导比较及启示》[J].职教通讯,2002(11).

[69]国家教委基础教育司.《普通中学职业指导纲要(试行)》[J].课程·教材·教法,1995,(06).